GERENCIAMENTO DAS AQUISIÇÕES

Série de Livros da Escritório de Projetos

escritoriodeprojetos.com.br

GERENCIAMENTO DAS AQUISIÇÕES

O melhor custo x benefício das suas compras

Baseado na 6ª Edição do Guia PMBOK®

EDUARDO MONTES, PMP

Copyright © 2018 Eduardo Montes

Todos os direitos reservados. A reprodução não autorizada desta publicação no todo ou em parte, constitui violação do copyright (Lei nº 9.610/98).

1ª Edição, 2018. Revisão 14 em 09/10/18.

Estava ansioso por este lançamento, já tenho os outros dois livros da série, estou fazendo o curso e estou gostando muito, esclareceu de forma incrível, já tinha feito o curso do Veduca com os professores da UFSCar e o da Fundação Bradesco, mas nenhum deles foi tão didático como o da Escritório de Projetos, estou tendo grande facilidade em escrever os artefatos dos meus projetos depois dos dois primeiros livros. Obrigado por compartilhar seu conhecimento de forma tão didática Edu!

Mauricio Cevada - CEO - Quantum Agência de Publicidade

Mais um projeto de Sucesso e Excelência executado pelo grande profissional, e autor Eduardo Montes.

O Eduardo soube traçar um perfeito alinhamento entre teoria e prática, de forma simples e objetiva, direcionando esta obra tanto para iniciantes no tema quanto para aqueles que possuem experiência com Gerenciamento das aquisições.

É uma excelente fonte de aprendizado e consulta.

Cleber Ferreira, PMP, MBA, ITIL, HCMBOK - Project Manager at Minutrade

Gostei bastante do passo a passo usando modelos e ferramentas com o exemplo da Reforma da Casa. Entrei também no grupo de interesse, baixei o Kit com as soluções e pude esclarecer dúvidas com o Eduardo Montes. Fiquei surpresa com a rapidez na resposta.

Vilma Santos - Associada da Escritório de Projetos

Sumário

Prefácio 1
1   Introdução 5
    O que é uma aquisição? 5
    Qual a diferença entre uma compra em um projeto e uma compra eventual? 5
    O que é gerenciamento das aquisições? 6
    Porque precisamos gerenciar as aquisições? 7
    Próximos capítulos 7
PARTE I   OS FUNDAMENTOS 9
2   Fundamentos 11
    2.1   Fundamentos de Gerenciamento de Projetos 11
    2.2   Fundamentos de Gerenciamento das Aquisições 13
PARTE II   PASSO A PASSO 19
3   Sua vez de participar 21
    3.1   Use conforme o momento da sua compra 21
    3.2   Use o Kit Aquisições 21
4   Processos com seus passos 25
    Passos necessários para obter o melhor custo x benefício das suas compras 26
5   Planejar o gerenciamento das aquisições 27
    5.1   Decidir o que fazer e o que comprar 29
    5.2   Especificar o produto/serviço (Declaração de trabalho) 34
    5.3   Estabelecer critérios de avaliação dos fornecedores 41
    5.4   Definir tipo de contrato e cláusulas contratuais para tratar os riscos   47
    5.5   Preparar pedido (RFP, RFQ, RFI) 50
    5.6   Solicitar Propostas 56

5.7 Definir como as aquisições serão executadas, monitoradas e encerradas..58

Entradas, Ferramentas e Técnicas e Saídas...64

6 Conduzir as aquisições 81

6.1 Obter respostas dos fornecedores 82

6.2 Classificar as propostas / Selecionar fornecedores 84

6.3 Negociar contrato 87

Entradas, Ferramentas e Técnicas e Saídas...91

7 Controlar as aquisições 97

7.1 Preparar para controlar as aquisições...98

7.2 Kickoff Meeting pós assinatura do contrato 99

7.3 Pós Kickoff Meeting – Execução 101

7.4 Pós Kickoff Meeting – Monitoramento 102

Técnicas e Ferramentas para controlar as aquisições.............................102

Entradas, Ferramentas e Técnicas e Saídas...103

8 Encerrar as aquisições 111

8.1 Finalizar as reivindicações em aberto 112

8.2 Encerrar o contrato 113

8.3 Registrar as lições aprendidas 114

8.4 Arquivar o Contrato e documentos relacionados 114

Ferramentas usadas para encerrar as aquisições 115

Encerrar as aquisições – Checklist..115

9 Conclusão 117

10 Q&A 119

10.1 Fundamentos e Planejar o gerenciamento das aquisições 119

10.2 Conduzir as aquisições 124

10.3 Controlar as aquisições 126

10.4 Encerrar as aquisições 130

11 Recursos adicionais 131

Fundamentos das aquisições 131

Ferramentas das aquisições do Guia PMBOK® 131

Modelos/Templates de Gerenciamento de Projetos 131

Exemplos de Projetos 132

Processos Gerenciamento das aquisições do Guia PMBOK 6ª Ed 132

Mudanças da 5ª para a 6ª Edição do Guia PMBOK 134

Processos de Gerenciamento das aquisições do projeto do Guia PMBOK 5ª Edição 134

Apêndice 137

Índice das Tabelas 137

Índice das Figuras 139

Índice Remissivo 141

Referências 143

O Autor 145

Agradecimentos 147

Notas e Hyperlinks do site usados no Livro 149

Prefácio

O livro Gerenciamento das Aquisições: O melhor custo x benefício das suas compras apresenta ferramentas e técnicas para decidir o que é melhor: comprar ou fazer com sua equipe. Explica como selecionar o melhor fornecedor, como criar e selecionar o tipo de contrato mais adequado para cada aquisição, além de demonstrar como gerenciar e monitorar o contrato de modo a encerrá-lo atendendo os objetivos de cada aquisição.

O livro não pode ser considerado um livro convencional, e sim, um guia para gerenciar suas compras baseando-se nas melhores práticas da Sexta Edição do Guia PMBOK® e em soluções gratuitas, validadas e aperfeiçoadas por mim, pelos meus clientes, e por mais de 70.000 visitantes mensais do site escritoriodeprojetos ao longo de mais de 10 anos, 24 horas/dia. [1]

O livro está dividido em duas partes, Parte I, que contém os fundamentos necessários para iniciar a Parte II, chamada PASSO A PASSO, onde detalho os passos necessários para você gerenciar suas compras com sucesso.

Todas as soluções são apresentadas na Parte II - PASSO A PASSO para você usá-las de forma gradual conforme o momento da sua compra, do primeiro até o último passo. Em cada passo, é explicado de forma detalhada o que deve ser feito e quais soluções são empregadas. Para deixar claro o entendimento, usei o projeto da Reforma da minha casa[2] em todos os passos e exemplos de projetos adicionais, para você adaptá-los conforme sua realidade e o seu projeto.

São mais de 50 arquivos usados no livro com soluções, exemplos reais, modelos, ferramentas que foram agrupados em um Kit denominado Kit Aquisições.

Tudo escrito e preparado para você ir lendo o livro e aplicando o conhecimento adquirido em seus projetos através dos passos propostos.

Ele também pode ser usado como referência para cursos de Gerenciamento das Aquisições do Projeto.

O livro é o terceiro de uma série de 11 livros, o livro inicial da série; Introdução ao Gerenciamento de Projetos[3]; e um exemplar dedicado a cada área de conhecimento em projetos.

A série foi criada para capacitar você a ter sucesso em seus projetos, ou seja, ensinar você a transformar seus sonhos em realidade e a alcançar seus objetivos por meio de projetos bem planejados e executados.

De forma mais detalhada, a estrutura do livro é composta por:

- Prefácio: O porquê do livro, como o livro é organizado e como tirar o melhor proveito do livro;
- Introdução: Questões endereçadas (o problema a ser solucionado);
- Parte I - Os fundamentos: Conceitos iniciais e respostas as questões essenciais para compreender os demais capítulos;
- Parte II - Passo a Passo: Passos necessários para gerenciar as aquisições em seu projeto do início até o seu encerramento baseado no Guia PMBOK Sexta Edição. (PMI®, 2017);
- Conclusão: revisão e resumo dos principais pontos sobre como obter o melhor custo x benefício das suas compras;
- Q&A: Composta pela seleção das melhores questões de alunos do curso de Gerenciamento das aquisições;
- Recursos adicionais: Resumo com as soluções do escritório de projetos, templates, ferramentas e informações adicionais para lhe ajudar a fazer as melhores compras para seu projeto.

Por último, para agregar mais valor à sua leitura, adquirindo o livro, você ganha o direito de participar de um Grupo de interesse chamado Kit Aquisições onde você poderá esclarecer todas as suas dúvidas relacionadas ao livro e ao Kit. Você poderá também fazer o download do Kit, trocar experiências com outros leitores, participar de eventos, compartilhar suas conquistas, solicitar melhorias nas soluções existentes etc.

Saiba como obter o KIT e participar do grupo. [4]

Entre em contato caso tenha alguma sugestão ou crítica sobre o livro e as soluções apresentadas.

Eduardo Montes, PMP
eduardo@escritoriodeprojetos.com.br
Seu feedback me ajuda a ajudar você através de livros e soluções melhores e revisadas de forma contínua. [5]

1 Introdução

O que é uma aquisição?

Qualquer produto, material ou serviço adquirido. Aquilo que não é feito por você ou pela sua equipe. Qualquer compra, aluguel ou contratação.

Veja, por exemplo, algumas aquisições comuns para a reforma de uma casa:
- Compra de materiais como cimento, areia, tinta, argamassa e revestimento;
- Compra de equipamentos como pincel, martelo e marreta;
- Locação de caçamba para retirar o entulho;
- Contratação de arquiteto ou de engenheiro ou de mestre-de-obras.

Veja também algumas aquisições comuns no nosso dia-a-dia:
- Almoçar ou Jantar em um restaurante;
- Contratar a escola para seus filhos;
- Comprar seus uniformes;
- Ficar sócio de um clube;
- Contratar sua festa de aniversário em um buffet;
- Escolher um hotel ou pousada por meio de um site especializado.

Qual a diferença entre uma compra em um projeto e uma compra eventual?

A diferença é mínima. Está relacionada ao planejamento, aos montantes e aos riscos envolvidos. Todas as melhores práticas e soluções adotadas servem tanto para seus projetos quanto para o seu dia a dia. Quanto maior o investimento e o retorno, maior será o impacto de uma aquisição indevida.

Por exemplo, se você decidir jantar fora com sua família e, de forma espontânea, escolher o primeiro restaurante que encontrar no seu caminho o que essa decisão pode acarretar a você e sua família?

Peço que considere as piores situações possíveis, reflita um pouco e passe para a próxima página.

Abaixo algumas das consequências que uma decisão aparentemente tão simples pode lhe trazer:

- O valor dos pratos é exorbitante. Você ainda poderá sair depois de consultar o cardápio;
- O serviço é horrível, os garçons mal-humorados e os pratos demoram. Você e sua família saem do restaurante chateados e arrependidos ao invés de se divertirem;
- Todos da família têm uma intoxicação alimentar devido à falta de higiene do estabelecimento e vocês saem do restaurante direto para o hospital.

Claro, que a probabilidade que tudo isso ocorra em um único jantar e com essas proporções é bem remota, entretanto, é bem provável que você já passou por pelo menos uma das situações acima.

Orientar você a obter o maior benefício com o menor custo possível em relação as suas compras é a grande motivação do livro. Desde selecionar o melhor restaurante que lhe ofereça a refeição mais saborosa e o momento mais prazeroso para você e sua família por um preço compensador, fazer compras de materiais para a reforma da sua casa, até a selecionar fornecedores estratégicos com contratos de longo prazo para sua organização.

O que é gerenciamento das aquisições?

Segundo o Guia PMBOK®, o gerenciamento das aquisições do projeto inclui os processos necessários para comprar ou adquirir produtos, serviços ou resultados externos à equipe do projeto (PMI®, 2017 p. 459).

Os processos de gerenciamento das aquisições são descritos sempre da perspectiva de quem está adquirindo o produto ou o serviço, o comprador, também conhecido como cliente, contratante ou solicitante do serviço.

Os principais envolvidos são:

- Você, o comprador, também conhecido como cliente, contratante, organização compradora, órgão governamental, solicitante do serviço.
- O fornecedor, também conhecido como vendedor, contratada, subcontratada, prestador de serviços ou fornecedor.

Porque precisamos gerenciar as aquisições?

O gerenciamento das aquisições do projeto é uma das áreas de conhecimento mais importantes dentro das organizações, principalmente, devido ao aumento constante da terceirização de serviços.

Em tempos de concorrência acirrada, as empresas precisam direcionar seus esforços em aperfeiçoar seus produtos e serviços e deixar as demais áreas (não estratégicas) para empresas especializadas.

Entretanto, se a terceirização ou a aquisição for mal planejada, executada ou monitorada provavelmente trará prejuízos, insatisfação e conflitos entre cliente e fornecedor, muitas vezes resolvidas por meio de disputas judiciais em longos processos.

Portanto, é necessário buscar as melhores práticas e as soluções para garantir que as compras feitas tenham uma boa relação custo x benefício para os seus projetos.

Não selecionar o melhor fornecedor pode lhe trazer grandes problemas em seu projeto levando ao seu cancelamento.

Você, provavelmente, já passou por mais de uma situação que arrependeu por uma compra feita sem um levantamento adequado. No livro, explicarei para você com detalhes, todas as atividades necessárias para garantir a seleção do melhor fornecedor e posteriormente, assinar o melhor contrato, monitorar a execução do contrato e encerrar o contrato trazendo o melhor custo x benefício para você e sua organização.

Próximos capítulos

Vamos agora a Parte I - Os fundamentos para lhe dar a base necessária para entender os passos e os processos necessários para garantir o melhor custo x benefício das aquisições do seu projeto.

PARTE I

OS FUNDAMENTOS

2 Fundamentos

Nesse capítulo são explicados inicialmente os Fundamentos de Gerenciamento de Projetos já apresentados no primeiro livro da série Introdução ao Gerenciamento de Projetos (Montes, 2017), e posteriormente, os fundamentos específicos de gerenciamento das aquisições, como as decisões de comprar ou fazer, os acordos e contratos (instrumentos que regem as aquisições), e porque eles são tão importantes no seu projeto.

Caso você já domine os fundamentos abaixo, inicie pela PARTE II - PASSO A PASSO:

- Fundamentos de Gerenciamento de Projetos
    - Escopo do projeto
    - Estrutura Analítica do projeto
    - Pacote de trabalho
- Fundamentos de Gerenciamento das Aquisições
    - Decisões de Comprar ou Fazer
    - Acordo
    - Contrato
    - Ciclo de Vida do Contrato

2.1 Fundamentos de Gerenciamento de Projetos

Escopo do projeto

Segundo o Guia PMBOK®, projeto é um esforço temporário empreendido para criar um produto, serviço ou resultado único. (PMI®, 2017 p. 4)

O escopo é a definição do que será feito para criar o produto, serviço ou resultado único e como. Ele contém a descrição detalhada dos produtos e serviços a serem gerados para atender os objetivos do projeto e responde a duas questões chave do projeto O que? (Escopo do Produto) e Como? (Escopo do Projeto).

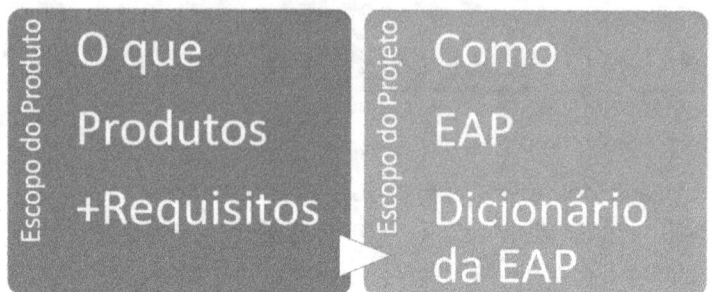

Figura 2.1 Escopo do Produto x Escopo do Projeto

O Escopo do produto é composto pelos produtos a serem construídos e seus requisitos, ou seja, as condições a serem atendidas pelo produto.

O Escopo do projeto é composto pela Estrutura Analítica do Projeto (EAP) e seu dicionário e define como o trabalho necessário para construir os produtos do projeto com seus requisitos será organizado (estruturado).

Estrutura Analítica do projeto

A EAP, estrutura analítica do projeto, ou WBS, Work Breakdown Structure, define as entregas do projeto e sua decomposição em Pacotes de trabalho[6].

A EAP fornece uma visão estruturada das entregas do projeto e é um ótimo instrumento para alinhar o entendimento do projeto e integrar todas as áreas sendo a principal referência para os outros processos das outras áreas de conhecimento. Por exemplo, para cada pacote de trabalho da EAP, será definida as atividades necessárias para sua execução (prazo) e posteriormente, os recursos necessários para determinar o orçamento do projeto (custo), e assim por diante.

Sempre que possível, todos os documentos gerados no projeto devem referenciar o Código da EAP.

A EAP normalmente é representada de forma gráfica para facilitar o entendimento e a visualização, mas, quando não existem softwares para gerá-la, ela pode ser representada de forma identada.

Veja abaixo o exemplo da EAP da reforma da minha casa.

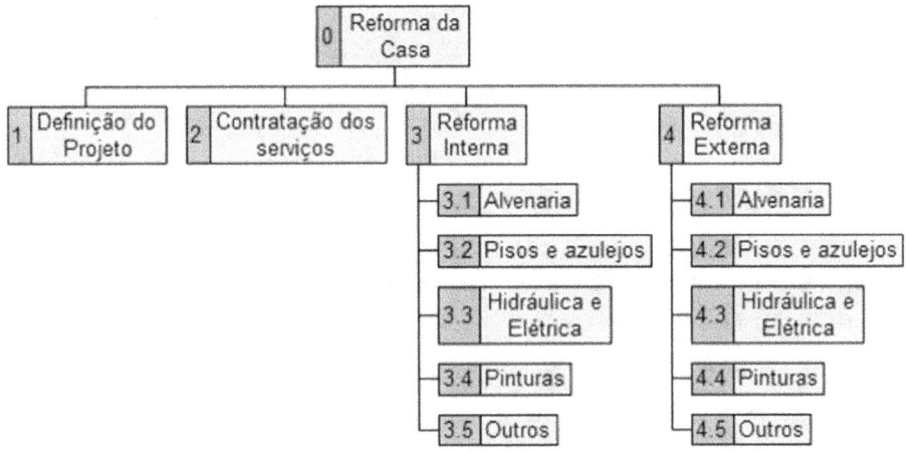

Figura 2.2 Exemplo de EAP gráfica de uma reforma de casa

Pacote de trabalho

O pacote de trabalho como o próprio nome diz é um pacote que contém atividades que são agrupadas conforme necessidade do projeto.

Ele é o nível mais baixo da EAP e possui custo, duração, critérios de aceitação e atividades que devem ser documentadas no dicionário da EAP[7].

2.2 Fundamentos de Gerenciamento das Aquisições

Decisões de Comprar ou Fazer

Cada pacote de trabalho pode ser feito com sua equipe ou adquirido de um fornecedor, como decidir o que é melhor detalhado no passo Definir o que adquirir do capítulo aquisições.

Acordo

Para cada fornecedor que você decidir terceirizar um ou mais pacotes de trabalho, é necessário fechar um acordo onde será descrito o que e como deve ser feito (os pacotes de trabalho), e os direitos e as obrigações das duas partes envolvidas, você, o comprador, e o fornecedor, responsável pela terceirização.

O acordo deve refletir a complexidade das entregas e do esforço necessário.

Ele, normalmente, é negociado verbalmente, e depois documentado através de contrato com seus termos e condições e assinado por ambas as partes com testemunhas.

Contrato

Um dos principais elementos das Aquisições é o Contrato, documento legal entre comprador e fornecedor que descreve um acordo mútuo gerando obrigações entre as partes:

- Fornecedor a entregar produtos, serviços ou resultados descritos e
- Comprador a fornecer uma contraprestação monetária ou de outro tipo.

O contrato deve incluir termos e condições objetivos, claros e detalhados sem gerar dupla interpretação (ambiguidade).

Celebrar um contrato é um método para alocar a responsabilidade pelo gerenciamento e compartilhar riscos potenciais.

Sua redação cuidadosa pode mitigar ou transferir riscos para o fornecedor, e sua aprovação e revisão deve envolver especialistas em contratos, compras, aspectos jurídicos e disciplinas técnicas.

Ciclo de Vida do Contrato

Segundo Garret, o Ciclo de vida dos Contrato pode ser dividido em três fases (pré-contrato, contrato, pós-contrato). Veja a figura adaptada (GARRET, 2015) & (PMI®, 2013).

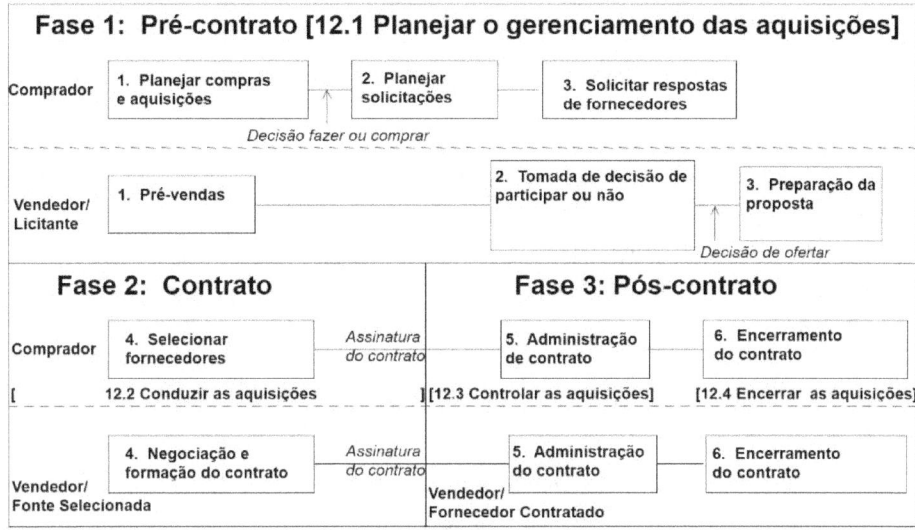

Figura 2.3 Ciclo de Vida do Contrato adaptado de Garret, 2015 & PMI, 2013

Fase 1: Pré-Contrato

Essa fase é similar ao processo Planejar o gerenciamento das aquisições do Guia PMBOK® detalhado no capítulo Planejar o gerenciamento das aquisições.

Segundo Garret, a fase pré-contrato inclui o planejamento de compras, pesquisas de mercado, determinação de requisitos, a decisão de compra ou compra, solicitação, tomada de decisão de oferta / oferta e elaboração de propostas ou propostas. Esta fase é vital na criação de relações comerciais bem-sucedidas. A fase prévia tem três atividades principais ou etapas para o comprador:

- Passo 1: Planejamento de compras: Para determinar o que comprar ou adquirir e quando e como fazer isso.
- Passo 2: Planejamento de solicitação: Para documentar os requisitos de produtos, serviços e resultados e identificar possíveis fornecedores.
- Passo 3: Solicitação: Para obter informações, cotações, preços, ofertas ou propostas, conforme adequado.

Três principais atividades ou etapas também estão envolvidas para o vendedor:

- Passo 1: Pré-Vendas;
- Passo 2: Tomada de decisão de participar ou não

- Passo 3: Preparação da proposta

Fase 2: Contrato

Essa fase é similar ao processo Conduzir as aquisições do Guia PMBOK® detalhado no capítulo Conduzir as aquisições.
Segundo Garret, nessa fase enquanto o comprador está responsável por selecionar o melhor fornecedor, o vendedor irá preparar e negociar o contrato.

Fase 3: Pós-Contrato

Essa fase engloba dois processos detalhados nos capítulos Controlar as aquisições e Encerrar as aquisições.
Segundo Garret, nessa fase, tanto comprador quanto vendedor, são responsáveis, primeiramente, por administrar o contrato e posteriormente, próximo ao seu término, encerrá-lo.
Apesar de não consideramos a perspectiva do fornecedor em nossa metodologia, veja algumas das características do Contrato considerando sua perspectiva:

- O fornecedor gerencia o trabalho como projeto;
- O comprador (cliente) é uma das partes interessadas principais do projeto;
- Equipe de GP do fornecedor está envolvida em todos processos de GP;
- Termos e condições do contrato direcionam a equipe e suas entregas, premissas e restrições.

Explicado os Fundamentos, vamos agora detalhar cada um dos passos necessários do Ciclo de Vida do Contrato ou para comprar algo de um fornecedor.

Mais detalhes também no passo Definir tipo de contrato e cláusulas contratuais para tratar os riscos.

18 Gerenciamento das aquisições

PARTE II

PASSO A PASSO

3 Sua vez de participar

Você pode obter o melhor custo x benefício das suas compras em seus projetos e em seu dia a dia através do uso das melhores práticas de mercado e soluções gratuitas que validei e aperfeiçoei durante mais de dez anos, mas, como diz o provérbio árabe, "Quem estuda e não pratica o que aprendeu, é como o homem que lavra e não semeia."

3.1 Use conforme o momento da sua compra

Então lhe convido para colocar a mão na massa selecionando um ou mais projetos ou situações onde você possa aplicar cada um dos passos explicados nos próximos cinco capítulos.

Como aprendizado, sugiro seguir os passos propostos de forma sequencial nos próximos capítulos, entretanto, ir direto ao passo conforme a etapa da sua compra pode ser muito útil tanto para seu aprendizado quanto para agregar mais valor e de forma mais ágil (Veja a tabela com os Passos necessários para obter o melhor custo x benefício das suas compras no próximo capítulo).

No término da apresentação de uma sequência de passos, você encontrará a seção "SUA VEZ DE PARTICIPAR" onde lhe apresento como apliquei o passo e as soluções apresentadas na Reforma da minha casa[8] para você aplicá-los conforme sua necessidade. Desta forma, fica mais fácil você entender o que foi explicado e aplicar em seu projeto ou em seu dia a dia usando como referência um caso real.

3.2 Use o Kit Aquisições

O *Kit* é a seleção de tudo que temos de melhor empacotado para você acelerar seu projeto e obter melhores resultados na gestão das suas compras e dos seus fornecedores disponibilizadas de forma gratuita para os leitores do livro. Saiba como obtê-lo[9].

Ele é composto por:

- Modelos[10] para gerenciar as compras e seus fornecedores.

- Exemplo[11]: templates preenchidos em um projeto real (Pasta Projeto-Exemplo).
- Diversos: Ferramentas[12] usadas pela área de conhecimento & Downloads[13] complementares.

Ele pode ser usado para aperfeiçoar seus processos de gestão de compras/fornecedores, bem como sua metodologia de gerenciamento de projetos, aumentando sua chance de sucesso, acelerando seu aprendizado, ou mesmo para apoiar em aulas e treinamentos sobre gerenciamento das aquisições.

Ref.	Arquivo / Pasta	Tipo
	01-Iniciacao	
1	Kick-Off do Projeto.pptx	Modelos
2	Modelo de Proposta.docx	Modelos
3	Registro das partes interessadas vFornecedores.xlsx	Modelos
4	Termo de Abertura do Projeto v5W2H.docx	Modelos
5	Termo de Abertura do Projeto.docx	Modelos
	02-Planejamento	
6	Cadastro de Fornecedores Qualificados.xlsx	Modelos
7	Decisões de Comprar.xlsx	Modelos
8	Declaração de Trabalho.docx	Modelos
9	Informações para RFI.xlsx	Modelos
10	Listas de verificação da qualidade.xlsx	Modelos
11	Métricas da Qualidade.xlsx	Modelos
12	Modelo de Contrato - PMBOK.docx	Modelos
13	Plano de gerenciamento das aquisicoes.docx	Modelos
14	Plano de gerenciamento do projeto.docx	Modelos
15	Plano de Melhorias no Processo.docx	Modelos
16	Registro dos pontos de atencao.xlsx	Modelos
17	RFI - Request for Information.docx	Modelos
18	RFP - Request for Proposal.docx	Modelos
19	RFQ - Request for Quotation.xlsx	Modelos
	04-Controle	
20	Ata de reuniao.docx	Modelos
21	Pauta de reuniao.docx	Modelos
22	Registro das solicitações de mudancas.xlsx	Modelos
23	Solicitação de mudanca.docx	Modelos
24	Status Report.docx	Modelos
25	Status Report.pptx	Modelos
26	StatusReport. Projeto Exemplo.xlsx	Modelos
	05-Encerramento	
27	Lições Aprendidas.docx	Modelos
28	Relatório de encerramento do contrato.docx	Modelos
29	Termo de Aceite da Entrega.docx	Modelos
30	Termo de Aceite do Projeto ou Fase.docx	Modelos
31	Transição do produto.docx	Modelos
	Exemplos de Projetos com seus templates	
32	Decisões de Comprar.xlsx	Exemplo
	Reforma da Casa	

33	Critérios para Seleção de Fontes.xlsx	Exemplo
34	Decisões de Comprar.xlsx	Exemplo
35	Declaração de Trabalho.docx	Exemplo
36	Plano de gerenciamento das aquisicoes.docx	Exemplo
37	Plano de gerenciamento do projeto.docx	Exemplo
38	Registro das solicitações de mudanças - Reforma.xlsx	Exemplo
39	Registro dos riscos e dos problemas.xlsx	Exemplo
40	Relatório de encerramento do contrato.docx	Exemplo
41	RFP.docx	Exemplo
42	RFQ - Request for Quotation.xlsx	Exemplo
43	Solicitação de mudanca.docx	Exemplo
44	Termo de Aceite do Projeto.docx	Exemplo
	Downloads	
45	Glossário de gerenciamento de projetos.docx	Diversos
46	Glossário de gerenciamento de projetos.pdf	Diversos
47	Índice do guia de gerenciamento de projetos.docx	Diversos
48	Índice do guia de gerenciamento de projetos.pdf	Diversos
49	Planilha Certificação PMP.xlsx	Diversos
50	Processos Guia PMBOK Sexta Edicao.xlsx	Diversos
51	Produtos Gratuitos da Escritório de Projetos.xlsx	Diversos
	Ferramentas	
52	Brainstorming com priorizacao.xlsx	Diversos
53	CheckList - Aquisicoes.xlsx	Diversos
54	CheckList.xlsx	Diversos
55	Critérios para Seleção de Fontes.xlsx	Diversos
56	Decisões de Comprar ou Fazer.xlsx	Diversos
57	Seleção de Equipe com analise de decisão envolvendo critérios multiplos.xlsx	Diversos
58	Seleção de Fornecedores.xlsx	Diversos

Entre em contato comigo caso tenha dúvidas, sugestões ou críticas sobre o livro e as soluções gratuitas apresentadas.

Eduardo Montes, PMP
eduardo@escritoriodeprojetos.com.br
Seu feedback é crucial para nos ajudar a ajudar você.

4 Processos com seus passos

Os passos necessários para comprar algo de um fornecedor são apresentados de forma sequencial e foram agrupados em capítulos conforme os processos de gerenciamento das aquisições do capítulo 12 do Guia PMBOK® para facilitar sua consulta conforme o momento da sua aquisição e o seu entendimento com objetivos e resultados claros conforme figura abaixo e detalhados posteriormente.

Planejar o gerenciamento das aquisições
- Definir o que fazer ou adquirir;
- especificar produto/serviço;
- estabelecer critérios de avaliação;
- preparar pedido (RFP, RFQ, RFI) e
- solicitar propostas.

Conduzir as aquisições
- obter respostas dos fornecedores;
- selecionar fornecedor e
- assinar contrato.

Encerrar as aquisições
- finalizar reivindicações em aberto;
- encerrar o contrato;
- registrar as lições aprendidas e
- arquivar informações do contrato.

Controlar as aquisições
- gerenciar as relações de aquisição;
- monitorar o desempenho do contrato e
- realizar mudanças e correções conforme necessário.

Figura 4.1 Capítulos dos processos do gerenciamento das aquisições do projeto com seus passos

Vale ressaltar que Encerrar as Aquisições era tratado como um processo a parte até a quinta edição do Guia PMBOK e suas atividades foram migradas para o processo Encerrar Projeto ou Fase, porém, mantenho como um capítulo à parte devido a sua complexidade e os potenciais problemas relacionados a um encerramento de aquisição mal feito.

Passos necessários para obter o melhor custo x benefício das suas compras

Abaixo apresento os próximos capítulos com seus passos necessários e seus hyperlinks caso você queira consultar um passo específico.

Tabela 4-1 Passos necessários para obter o melhor custo x benefício das suas compras

Capítulos / Processos de Gerenciamento das Aquisições do Guia PMBOK 6a Edição	Passo a Passo
Planejar o gerenciamento das aquisições	Decidir o que fazer e o que comprar Especificar o produto/serviço (Declaração de trabalho) Estabelecer critérios de avaliação dos fornecedores Definir tipo de contrato e cláusulas contratuais para tratar os riscos Preparar pedido (RFP, RFQ, RFI) Solicitar Propostas Definir como as aquisições serão executadas, monitoradas e encerradas
Conduzir as aquisições	Obter respostas dos fornecedores Classificar as propostas / Selecionar fornecedores Negociar contrato
Controlar as aquisições	Preparar para controlar as aquisições Kickoff Meeting pós assinatura do contrato Pós Kickoff Meeting – Execução Pós Kickoff Meeting – Monitoramento
Encerrar as aquisições	Finalizar as reivindicações em aberto Encerrar o contrato Registrar as lições aprendidas Arquivar o Contrato e documentos relacionados

5 Planejar o gerenciamento das aquisições

Segundo o Guia PMBOK®, planejar o gerenciamento das aquisições é o processo de documentação das decisões de compras do projeto, especificando a abordagem e identificando vendedores em potencial. (PMI®, 2017 p. 466)

Nesse capítulo, iremos detalhar como planejar o gerenciamento das aquisições descrevendo os passos necessários, iniciando pelas decisões do que fazer com a equipe do projeto e o que comprar, especificando os produtos e serviços que serão comprados, estabelecendo critérios adequados para selecionar o melhor fornecedor, preparando o pedido para enviar aos potenciais fornecedores e solicitando suas propostas conforme resumo apresentado na figura abaixo.

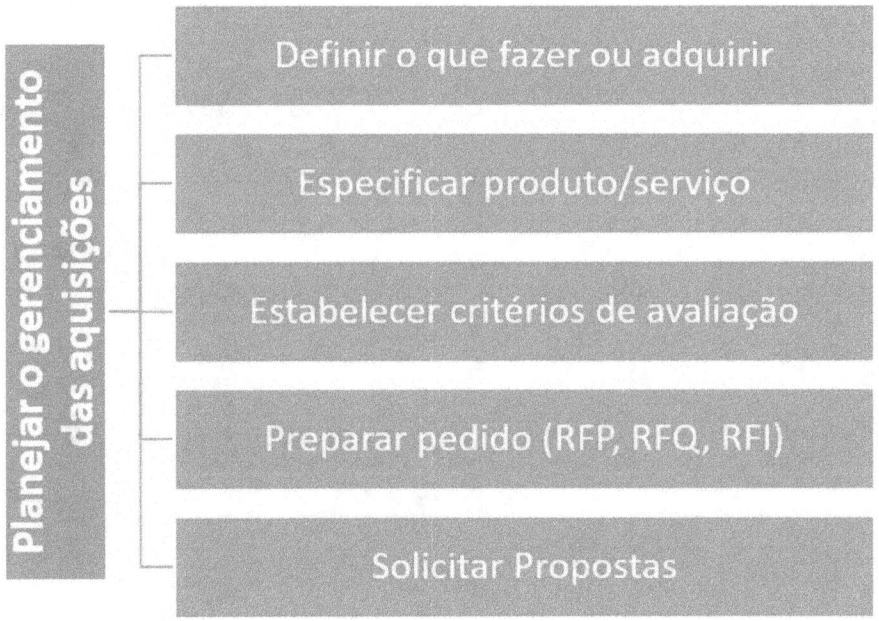

Figura 5.1 Planejar o gerenciamento das aquisições

Esses passos devem ser cuidadosamente elaborados para evitar problemas, desgastes com o fornecedor e até o seu abandono no meio do seu projeto.

Detalho de forma sequencial cada um dos passos a seguir.

5.1 Decidir o que fazer e o que comprar

O primeiro passo é dividir o escopo do projeto em dois grupos:
- O que será adquirido de fornecedores (comprado ou alugado);
- O que será feito pela equipe do projeto.

Para isso, é necessário que o escopo e sua Estrutura Analítica do Projeto (EAP) já estejam definidos (conceitos explicados no capítulo Fundamentos, tópico Fundamentos de Gerenciamento de Projetos).

A análise de fazer ou comprar suporta a decisão de comprar ou fazer através da técnica 5W2H.

Tabela 5-1Técnica 5W2H para decidir o que comprar e o que adquirir

What?	O que comprar?
Why?	Por que?
When?	Quando? (Início e Término do Contrato)
Where?	Onde?
Who?	Quem participa e como? (Matriz de Responsabilidade)
How?	Como? (Tipo de Contrato, Termos e Condições adequados para tratar os riscos envolvidos com a aquisição)
How much?	Quanto custará? (Tipo de Contrato, Incentivos)

A seguir detalho cada uma das questões do 5W2H.

What – O que comprar

Baseando-se na EAP do projeto, avalia-se cada pacote de trabalho, separando-os em três grupos:
- A serem comprados;
- A serem feitos pela equipe;
- Podem ser feitos ou adquiridos.

Os pacotes de trabalho que podem ser feitos ou comprados devem ser reavaliados e preferencialmente decidido se será feito ou comprado. Se não forem críticos ou urgentes para o projeto, avalie postergar a decisão para quando estiver mais próximo do seu início.

Você deve avaliar a melhor forma organizar suas compras tratando-as como:

- Um único pacote de trabalho;
- Um conjunto de pacotes de trabalho com o objetivo de elaborar um único contrato;
- Recursos (materiais, equipamentos e pessoas) visando à entrega de pacotes de trabalho;
- Contratos de locação etc.

Para decidir o que adquirir, é necessário analisar / responder à questão por que comprar?

Why - Por que comprar?

Existem vários fatores a serem considerados para determinar o que pode ser melhor realizado internamente ou comprado. Sempre que possível, considere também a opção de arrendar.

Veja alguns critérios importantes que devem ser usados para tomar a decisão:

- Riscos envolvidos em cada decisão de fazer ou comprar;
- Disponibilidade dos recursos;
- Necessidade de fornecimento especializado;
- Necessidade de absorção da tecnologia;
- Restrições do projeto (custo, prazo, de subcontratação etc.);
- Custos: Veja abaixo a questão comprar?

Na tabela a seguir, apresento alguns dos fatores mais comuns que podem levar você a comprar ou a fazer.

Tabela 5-2 Fatores que influenciam a decisão de fazer ou comprar

Fazer	Comprar
Quando se tem mão-de-obra capaz e tecnologia disponível	"Produto de prateleira", custo de adquirir menor que fazer.
Intenção de reter o controle e o conhecimento	Quando o tempo de treinamento necessário não atende o projeto
Falta de fornecedores confiáveis	Fornecedores confiáveis e produto ou serviço de mercado
Core Business: o produto sendo adquirido faz parte da estratégia da empresa e será um diferencial em relação aos seus competidores	Produto não será diferencial em relação aos seus competidores
Falta de verba para contratação	Falta de tempo para fazer

How much - Quanto custa fazer e quanto custa comprar?

O custo sempre será um fator relevante pois influencia diretamente na rentabilidade do projeto. Entretanto, decidir sem uma avaliação mais profunda pode levar a prejuízos para o projeto. Quanto o fator prioritário for custo, deve se criar um fluxo de caixa com todos os custos de fazer e outro fluxo de caixa com todos os custos de comprar.

Lembre-se de considerar todos os custos relacionados, inclusive os diretos e indiretos, como garantia do produto, custos de manutenção, custos da não qualidade, custos de treinamento, espaço físico, equipamento, depreciação etc.

Uma forma de agilizar a decisão em relação ao fator custo é ter um bom cadastro de fornecedores confiáveis para solicitar estimativas para uma primeira avaliação.

Recomendo usar a ferramenta "Decisões de Comprar ou Fazer.xlsx" do KIT Aquisições para incluir os custos e decidir entre comprar ou fazer.

Who - Exemplo de Matriz de Responsabilidade

Dentro do processo decisório, as responsabilidades devem estar bem definidas. Abaixo apresento uma tabela com um exemplo de como você pode organizar os envolvidos (parte interessada) e suas responsabilidades.

Tabela 5-3 Exemplo de Matriz de Responsabilidade

Parte interessada	Responsabilidades
Comprador	Análise das atividades do processo de aquisição do projeto para atender as necessidades do projeto e as políticas e procedimentos de aquisição da empresa
GP	Certificar que a aquisição atenda aos requisitos do projeto (prazo, custo, qualidade). Mitigar riscos das contratações
Advogado	Assessorar juridicamente o GP no desenvolvimento dos documentos de aquisição
Setor técnico	Especificar produto a ser contratado de forma clara e objetiva Validar informações recebidas das propostas
Financeiro	Validar processo de liberação dos recursos financeiros
Comitê de Aquisições	Decidir sobre as aquisições (Recomendado quando envolver aquisições muito complexas e com alto risco para o projeto)

Veja também Responsáveis pela negociação

How - Tipos de contrato

Outro ponto extremamente importante é definir como tratar os riscos relacionados a compra de um produto ou serviço de um fornecedor que será detalhado no passo Definir tipo de contrato e cláusulas contratuais para tratar os riscos.

Além disso, todos os processos e passos relacionados a compra e sua manutenção devem ser considerados na decisão e estão detalhados no passo Definir como as aquisições serão executadas, monitoradas e encerradas.

Saída: Decisões de fazer ou comprar

O resultado final do passo decidir o que fazer e o que comprar é a análise de cada pacote de trabalho da EAP separando-a em:

- Uma lista dos pacotes de trabalho que serão adquiridos de um fornecedor;
- Uma lista dos pacotes de trabalho que serão feitos pela equipe do projeto.

Veja também

Exemplos de Projetos:[14] Decisões de Comprar da reforma da casa[15]

Templates/Modelos:[16] Decisões de Comprar.[17]

SUA VEZ DE PARTICIPAR

Agora é hora de você avaliar a Estrutura Analítica do seu projeto e decidir o que comprar e o que fazer.

Use como exemplo a Estrutura Analítica da Reforma da minha Casa e o que decidi fazer e o que decidi comprar e por que.

Tabela 5-4 Decisões de fazer ou comprar da Reforma da Casa

Cód. EAP	Entrega/Pacote de Trabalho	Fazer ou Comprar	Porque
1	Definição do Projeto	Fazer	Motivo: Falta de verba para contratação. Minha esposa tem muito bom gosto e alguns conhecimentos em decoração. Decidimos que ela ficaria responsável pela definição do projeto consultando especialistas se fosse necessário.
2	Gerenciamento do projeto	Fazer	Motivo: Quando se tem mão-de-obra capaz e tecnologia disponível. É minha especialidade e é um projeto muito importante para toda família.
3	Contratação dos serviços	Fazer	Motivo: Quando se tem mão-de-obra capaz e tecnologia disponível. Eu fiquei responsável pela contratação dos serviços
4	Reforma	Comprar	Motivo: Fornecedores confiáveis e produto ou serviço de mercado. Não tínhamos equipe e definimos por fazer um único contrato para toda reforma facilitando assim a gestão da reforma como um todo

5.2 Especificar o produto/serviço (Declaração de trabalho)

Para especificar o produto ou serviço é necessária uma definição clara do que será comprado (SOW) destacando as restrições do projeto (prazo, custo, ...) e seus critérios de aceitação.

Saída: Especificação do Trabalho das Aquisições (*SOW – Statement of Work*)

A especificação do trabalho das aquisições também muito conhecida pelo acrônimo do seu termo em Inglês, *SOW, Statement of Work*, contém a descrição de um produto ou serviço para ser adquirido sob um contrato e a declaração de seus requisitos.

Ela deve estar em conformidade com o Plano de gerenciamento do projeto e deve fornecer informação suficiente para o vendedor criar e precificar uma proposta aderente a necessidade do projeto.

Importante: O que está implícito para quem está escrevendo pode não estar para quem está lendo.

Tópicos ou seções de uma especificação do trabalho da aquisição

<u>Escopo do Trabalho</u>: Descreve o trabalho a ser feito em detalhe suficiente.
<u>Cronograma de Entregas/Critérios de Aceitação</u>: Identifica as entregas requeridas, seus critérios de aceitação e quando deverão ser entregues. Sempre que possível atrelar pagamentos e incentivos com as entregas previstas pelo contrato, e seus respectivos critérios de aceitação e sua previsão de término.
<u>Padrões Aplicáveis</u>: Especifica qualquer padrão de indústria ou padrões próprios a serem seguidos para a realização do trabalho.
<u>Local de Trabalho</u>: Descreve onde o trabalho será realizado.
<u>Período de Trabalho</u>: Especifica quando o trabalho dever começar e terminar, horas de trabalho, número de horas semanais que podem ser faturadas e informações sobre as agendas de trabalho local.
<u>Requisitos Especiais</u>: Especifica qualquer requisito especial como mínimo grau de experiência dos profissionais, requisitos de viagens, etc.

Veja também

Exemplos de Projetos: Declaração de Trabalho da reforma da casa[18]

Templates/Modelos: Declaração de Trabalho[19]

SUA VEZ DE PARTICIPAR

Agora é hora de você criar sua especificação do trabalho da sua aquisição.

Use como exemplo a Especificação do Trabalho da Reforma da minha Casa.

Objetivos deste documento

[Descreva o motivo pelo qual esse documento será usado]
Descrever de forma clara qual trabalho deverá ser realizado e quais entregas serão produzidas fornecendo informação suficiente para o vendedor criar e precificar uma proposta aderente às necessidades do projeto.

Escopo do Trabalho

[Descreva o trabalho a ser feito em detalhe suficiente.]
Após análise minuciosa da Sra. Montes de Rocha com ajuda de seu pai e de seu mestre-de-obras de confiança, foi definido o que será necessário reformar:

Reforma Interna
- **Alvenaria**
    - Refazer todo o contra piso da sala.
    - Retirada de 7 janelas e 1 porta, e instalação com acabamento de novas janelas e porta referente às que foram retiradas.
    - Quebra de reboco em toda a extensão das paredes da sala com 0.40m de altura, deixando no tijolo, impermeabilizar e rebocar deixando no ponto de pintura.
    - Construção de estruturas para instalar um banheiro no quarto da frente.
- **Pisos e azulejos**
    - Quebra e retirada de todo o piso e azulejo do lavabo, cozinha, banheiro de cima. Fazer a regularização de pisos e paredes e assentar aproximados 120m² entre pisos e azulejos e dar acabamentos.
    - Assentar pisos e azulejos e dar acabamento no banheiro novo do quarto da frente aproximados 10m².
- **Hidráulica e Elétrica**
    - Fazer todas as instalações de elétrica, água e esgoto referentes ao novo banheiro.
    - Refazer todas as instalações de elétrica, água e esgoto da área interna.

- **Pinturas**
    - Fazer a preparação e consertos de todas as paredes e tetos da área interna e pintar com 3 demãos de látex acrílico.
    - Lixar e preparar todas as portas, janelas, ferragens e madeiras em geral da área interna e pintar com 2 demãos de esmalte.
    - Aproximados 250m² de pinturas.
- **Outros**
    - Retirada de carpetes na escadaria da sala, retirada e reinstalação da pia de cozinha e de todas as louças sanitárias, sifões, torneiras e acabamentos de registros da área interna.

Reforma Externa
- **Alvenaria**
    - Fazer a fundação das estruturas e fundição de colunas e viga de concreto aparente onde será instalado o portão da garagem.
    - Quebra de toda a calçada e fazer calçada com concreto desempenado deixando no ponto de assentar piso de acabamento.
- **Pisos e azulejos**
    - Quebra e retirada de todo o piso e azulejo da área de serviço, do quintal, corredores e garagem. Fazer a regularização de pisos e paredes e assentar aproximados 100m² entre pisos e azulejos e dar acabamentos.
- **Hidráulica e Elétrica**
    - Troca de todas as instalações de água do banheiro e lavanderia da edícula.
    - Refazer todas as instalações de elétrica, água e esgoto da área externa.
- **Pinturas**
    - Fazer a preparação e consertos de todas as paredes e tetos da área externa, dos muros e fachadas e aplicação de textura.
    - Lixar e preparar todas as portas e madeiras em geral da área externa e pintar com 2 demãos de esmalte.
    - Aproximados 300m² de pinturas.
- **Outros**
    - Retirada das pedras das paredes da garagem e aplicação de textura na parede lateral, fazer os acabamentos na edícula e construção de mais um banheiro na edícula, retirada e reinstalação do tanque de lavar roupas e de todas as louças sanitárias, sifões, torneiras e acabamentos de registros da área externa.
    - Aumentar a área interna da edícula, derrubando a parede da frente e reposicionando-a 90 centímetros para frente.
    - Retirada do portão da garagem.

Requisitos e Indicadores

[Liste os requisitos de qualidade usados e como serão satisfeitos.]
Os requisitos e os indicadores a serem atingidos pelo projeto devem atender as normas listadas na seção "Padrões Aplicáveis" e os critérios de aceitação descritos na seção "Cronograma de Entregas do Projeto e Critérios de Aceitação".

Local de Trabalho

[Descreva onde o trabalho será realizado.]
Na casa adquirida no bairro Sumaré.

Período de Trabalho

[Especifique quando o trabalho dever começar e terminar, horas de trabalho, número de horas semanais que podem ser faturadas e informações sobre as agendas de trabalho local.]
Sem limitações.

Requisitos Especiais

[Especifica qualquer requisito especial como mínimo grau de experiência dos profissionais, requisitos de viagens, etc.]
O contrato possui remuneração adicional de R$10.000,00 caso seja entregue no prazo.

Cronograma de Entregas do Projeto e Critérios de Aceitação

Identifique as entregas requeridas, seus critérios de aceitação e quando deverão ser entregues. Sempre que possível atrelar os pagamentos e incentivos com os critérios de aceitação e previsão de término.

Tabela 5-5 Cronograma de Entregas do Projeto e Critérios de Aceitação da Reforma

Entrega	Critérios de aceitação	Previsão de Término
Interna		31/05/2010
Alvenaria	Refazer todo o contra piso da sala. Retirada de 7 janelas e 1 porta, e instalação com acabamento de novas janelas e porta referente às que foram retiradas. Quebra de reboco em toda a extensão das paredes da sala com 0.40m de altura, deixando no tijolo, impermeabilizar e rebocar deixando no ponto de pintura. Construção de estruturas para instalar um banheiro no quarto da frente.	
Pisos e azulejos	Quebra e retirada de todo o piso e azulejo do lavabo, cozinha, banheiro de cima. Fazer a regularização de pisos e paredes e assentar aproximados 120m² entre pisos e azulejos e dar acabamentos. Assentar pisos e azulejos e dar acabamento no banheiro novo do quarto da frente aproximados 10m2.	
Hidráulica e Elétrica	Fazer todas as instalações de elétrica, água e esgoto referentes ao novo banheiro. Refazer todas as instalações de elétrica, água e esgoto área interna.	
Pinturas	Fazer a preparação e consertos de todas as paredes e tetos da área interna e pintar com 3 demãos de látex acrílico. Lixar e preparar todas as portas, janelas, ferragens e madeiras em geral da área interna e pintar com 2 demãos de esmalte. Aproximados 250m² de pinturas.	
Outros	Retirada de carpetes na escadaria da sala, retirada e reinstalação da pia de cozinha e de todas as louças sanitárias, sifões, torneiras e acabamentos de registros da área interna.	
Externa		31/07/2010
Alvenaria	Fazer a fundação das estruturas e fundição de colunas e viga de concreto aparente onde será instalado o portão da garagem. Quebra de toda a calçada e fazer calçada com concreto desempenado deixando no ponto de assentar piso de acabamento.	
Pisos e azulejos	Quebra e retirada de todo o piso e azulejo da área de serviço, do quintal, corredores e garagem. Fazer a regularização de pisos e paredes e assentar aproximados 100m² entre pisos e azulejos e dar acabamentos.	
Hidráulica e Elétrica	Troca de todas as instalações de água do banheiro e lavanderia da edícula. Refazer todas as instalações de elétrica, água e esgoto da área externa.	
Pinturas	Fazer a preparação e consertos de todas as paredes e tetos da área externa, dos muros e fachadas e aplicação de textura. Lixar e preparar todas as portas e madeiras em geral da área externa e pintar com 2 demãos de esmalte. Aproximados 300m² de pinturas.	
Outros	Retirada das pedras das paredes da garagem e aplicação de textura na parede lateral, fazer os acabamentos na edícula e construção de mais um banheiro na edícula, retirada e reinstalação do tanque de lavar roupas e de todas as louças sanitárias, sifões, torneiras e acabamentos de registros da área externa. Aumentar a área interna da edícula, derrubando a parede da frente e reposicionando-a 90 centímetros para frente. Retirada do portão da garagem.	

Padrões Aplicáveis

[Especifique qualquer padrão de indústria ou padrões próprios a serem seguidos que são relevantes ao trabalho a ser realizado.]

Os padrões de mercado ou da organização a serem atingidos estão descritos abaixo e suas respectivas Normas e Procedimentos estão em anexo.

Tabela 5-6 Padrões aplicáveis da Reforma da casa

Padrão	Norma ABNT/ Procedimento do SGQ
ABNT NBR 10844:1989 Instalações prediais de águas pluviais - Procedimento	Esta Norma fixa as exigências necessárias aos projetos das instalações de drenagem de águas pluviais, visando a garantir níveis aceitáveis de funcionalidade, segurança, higiene, conforto, durabilidade e economia.
ABNT NBR 13753:1996 Revestimento de piso interno ou externo com placas cerâmicas e com utilização de argamassa colante – Procedimento	Esta Norma estabelece os requisitos para a execução, fiscalização e recebimento de revestimento de pisos externos e internos com placas cerâmicas assentadas com argamassa colante.
ABNT NBR 13754:1996 Revestimento de paredes internas com placas cerâmicas e com utilização de argamassa colante - Procedimento	Esta Norma estabelece os requisitos para a execução, fiscalização e recebimento de revestimento de paredes internas com placas cerâmicas assentadas com argamassa colante.
ABNT NBR 5410:2004 Versão Corrigida:2008 Instalações elétricas de baixa tensão	Esta Norma estabelece as condições a que devem satisfazer as instalações elétricas de baixa tensão, a fim de garantir a segurança de pessoas e animais, o funcionamento adequado da instalação e a conservação dos bens.

5.3 Estabelecer critérios de avaliação dos fornecedores

A análise 5W2H descrita em Definir o que adquirir ajudará a determinar quais os melhores critérios a serem usados.

Existem dois tipos de critérios a serem determinados detalhados abaixo:

- Critérios eliminatórios ou de eliminação;
- Critérios classificatórios ou de classificação.

Critérios eliminatórios ou de eliminação

São critérios que são atendidos ou não. Se qualquer um deles não for atendido, o fornecedor é automaticamente eliminado, não podendo participar do processo de seleção.

Exemplo: Apresentação de certidão negativa de débitos da receita federal. Se não for apresentada, o fornecedor é automaticamente eliminado e não participará do processo de seleção.

Veja o exemplo usado no modelo RFP - Request for Proposal.docx[20].

Critérios de Eliminação

Caso não atenda algum dos critérios eliminatórios descritos abaixo, solicitamos que nos avise para desconsiderarmos sua empresa

Tabela 5-7 Critério de eliminação do modelo de RFP

Critério / Critério de Eliminação	REF.
Apresentado certidão negativa de débitos FGTS Empresa não apresentar o certificado	SIM
Apresentado certidão negativa de débitos do INSS Empresa não apresentar o certificado	SIM
Apresentado certidão negativa de débitos Receita Federal Empresa não apresentar o certificado	SIM
Apresentado certidão negativa de débitos SERASA Empresa não apresentar o certificado	SIM
Faturamento Mensal Empresa com faturamento menor que a referência	50000
Número de Funcionários Empresa com número de funcionários menor que a referência	100
Tempo de Fundação (Número de Anos) Empresa com menos de 5 anos de existência	5
(Passivo Circulante + Exigível a Longo Prazo) /Ativo Total Boa Capacidade Financeira. Endividamento Total maior que o valor de referência	0,6
Experiência anterior em projetos similares Empresa não ter experiência anterior em projetos similares	SIM

Critérios classificatórios ou de classificação

São critérios para ponderar no ranking do fornecedor em relação aos seus concorrentes (candidatos)

Exemplo: Desempenho anterior em outros projetos na empresa. Você pode atribuir por exemplo uma nota de 0 a 10 para cada fornecedor e um peso geral a ser atribuído, o que ajudará na classificação da empresa.

Veja os critérios de classificação usados no modelo <u>RFP - Request for Proposal.docx</u>.[21]

Critérios de Classificação

Os critérios de classificação das propostas e suas respectivas pontuações são:

Tabela 5-8 Critérios de classificação do modelo de RFP

Critério	Peso	Nota Max.	Nota Final	Classificação
Proposta entrega no prazo?	5	5	25	Se a proposta for entregue no prazo, Nota 5, Caso contrário, 0. A proposta deve ser entregue até 16/09.
Custo (R$)	10	5	50	Se o custo for menor do que o orçado, 5, Até 20% acima, 3, Acima de 20%, 0.
Prazo (Dias úteis)	10	5	50	Se o prazo for menor do que o deadline legal, 5 Entrega Parcial 0, Caso contrário, -5. Deadline Legal: 29/10
Conhecimento do Negócio	5	5	25	Se conhecer muito o negócio 5, médio, 3, pouco 1, não conhece -1. (Classificação será fornecida pela empresa)
Conhecimento Tecnológico	5	5	25	Domínio tecnológico, 5, médio, 3, pouco 1, não conhece -1. (Classificação será fornecida pela empresa)
Nível de Qualidade	10	5	50	Base histórica do nível de qualidade das entregas é muito boa, 5, média, 3, baixa 1. (Classificação será fornecida pela empresa)
Base histórica de entrega	10	5	50	Base histórica das entregas no prazo é muito boa, 5, média, 3, baixa 1. (Classificação será fornecida pela empresa)

Critérios a serem usados

O critério mais usado nas aquisições é o <u>preço</u>, já que impacta diretamente no fluxo de caixa do projeto, porém, muitas vezes o "barato pode sair caro", então é importante determinar um conjunto de critérios ponderando-os de modo a selecionar o melhor fornecedor para atender a necessidade do seu projeto.

Critérios usados para produtos e serviços

Quando você adquirir uma matéria prima ou um bem uniforme, com poucas diferenciações entre cada fornecedor, o preço será um dos fatores decisivos.

Quando você adquirir um serviço, onde o que será entregue por cada fornecedor pode ter uma grande diferença nos resultados, outros critérios devem ser ponderados, como histórico de entregas do fornecedor, prazo de entrega, indicações, ...

Diferentes critérios para cada necessidade

Para cada necessidade, diferentes critérios e ponderações. Portanto não existe uma regra única para selecionar os critérios e muito menos como ponderá-los (Peso a ser associado, notas, etc.)

Abaixo disponibilizo uma tabela com alguns critérios de aceitação e as situações onde eles têm uma maior relevância.

Tabela 5-9 Critério de aceitação e por que usá-lo

Critério	Por que usá-lo [Quando é mais importante]
Preço	Quanto mais uniforme o produto (uma matéria prima, por exemplo), maior a relevância do preço.
Prazo de entrega	Se o prazo do seu projeto é importante e a aquisição faz parte do caminho crítico do projeto, o prazo de entrega será muito relevante na seleção do fornecedor.
Entendimento da necessidade	Quanto mais complexo o serviço, mais importante que sua necessidade seja entendida.
Custo geral ou do ciclo de vida do produto	Quanto for o custo de manutenção do produto adquirido, maior relevância o custo do ciclo devida. Por exemplo: Custo de implantação do produto [R$100.000] Custo anual de manutenção [R$20.000] ou 20% da implantação Nesse caso, a manutenção tem alta relevância.
Capacidade técnica	Quanto mais complexa for a tecnologia e quando você tem poucos fornecedores que detêm a tecnologia, maior será a importância da capacidade técnica.
Capacidade financeira	Se a aquisição é crítica para sua empresa, você precisa avaliar a capacidade financeira do fornecedor para que você não corra o risco de ser deixado na mão no meio do projeto. Se o fornecedor não tiver uma boa saúde financeira, ele está sujeito a falir ou abandonar o projeto devido a dificuldades financeiras.
Garantia	Uma boa garantia indica confiança do fornecedor no produto sendo vendido e é uma forma de mitigar os riscos relacionados a aquisição.
Capacidade de produção	Se sua empresa precisa de várias unidades do produto sendo adquirido, a capacidade de produzir do fornecedor aumenta de importância.

| Direitos de propriedade intelectual | Se você precisa dos direitos de propriedade intelectual do produto sendo desenvolvido, esse deve ser um critério eliminatório. |

Outros exemplos de critérios:

- Risco
- Abordagem de gerenciamento
- Abordagem técnica
- Tamanho e tipo da empresa
- Desempenho passado
- Referências

Divulgação dos critérios

Documento de solicitação de aquisição com critérios claros e objetivos para seleção dos fornecedores

Tabela 5-10 Vantagens e Desvantagens de divulgar os critérios

Vantagens	Desvantagens
Transparência do processo	Necessidade da elaboração dos critérios antes da divulgação da RFP
Fornecedor adequa proposta as necessidades e prioridades do cliente	Fornecedor pode questionar os critérios e os resultados
Processo é mais rápido e objetivo	
Melhor qualidade da RFP (Prioridade)	

Alternativas

Divulgação dos critérios e omissão dos pesos ou formas de atribuição das notas

Pode-se usar sistema de ponderação para classificar os fornecedores com critérios claros, objetivos e oferecendo transparência para o processo.

No sistema de ponderação:

- Cada critério possui um intervalo de notas e um peso;
- Cada proposta (fornecedor) receberá uma nota para cada critério;
- Classifica-se os fornecedores ordenando pela maior pontuação;
- Pontuação = Somatória (Nota do critério * Peso do critério).

Para medir, comparar e/ou pontuar as propostas dos fornecedores

Podem ser Pré-requisitos (Eliminatórios) ou Classificatórios

Sistema de Rating de Fornecedores

SUA VEZ DE PARTICIPAR

Agora é hora de você estabelecer os critérios de avaliação da sua aquisição.

Use como exemplo os critérios usados para contratar o mestre de obras para a Reforma da minha Casa (já apresentados nas tabelas anteriores).

CRITÉRIOS DE SELEÇÃO

Critérios de Eliminação

Caso não atenda algum dos critérios eliminatórios descritos abaixo, solicitamos que nos avise para desconsiderarmos sua empresa.

Tabela 5-11 Exemplos de critérios de eliminação da Reforma

Critério / Critério de Eliminação	REF.
Apresentado certidão negativa de débitos FGTS Empresa não apresentar o certificado	SIM
Apresentado certidão negativa de débitos do INSS Empresa não apresentar o certificado	SIM
Apresentado certidão negativa de débitos da Receita Federal Empresa não apresentar o certificado	SIM
Apresentado certidão negativa de débitos SERASA Empresa não apresentar o certificado	SIM
Faturamento Mensal Empresa com faturamento menor que a referência	50000
Número de Funcionários Empresa com número de funcionários menor que a referência	100
Tempo de Fundação (Número de Anos) Empresa com menos de 5 anos de existência	5
(Passivo Circulante + Exigível a Longo Prazo) /Ativo Total Boa Capacidade Financeira. Endividamento Total maior que o valor de referência	0,6
Experiência anterior em projetos similares Empresa não ter experiência anterior em projetos similares	SIM

Critérios de Classificação

Os critérios de classificação das propostas e suas respectivas pontuações são:

Tabela 5-12 Exemplo de Critérios de Classificação da Reforma

Critério	Peso	Melhor Nota	Nota Final	Classificação
Proposta entrega no prazo?	5	5	25	Se a proposta for entregue no prazo, Nota 5, Caso contrário, 0. A proposta deve ser entregue até 16/09.
Custo (R$)	10	5	50	Se o custo for menor do que o orçado, 5, Até 20% acima, 3, Acima de 20%, 0.
Prazo (Dias úteis)	10	5	50	Se o prazo for menor do que o deadline legal, 5 Entrega Parcial 0, Caso contrário, -5. Deadline Legal: 29/10
Conhecimento do Negócio	5	5	25	Se conhecer muito o negócio 5, médio, 3, pouco 1, não conhece -1. (Classificação será fornecida pela empresa)
Conhecimento Tecnológico	5	5	25	Domínio tecnológico, 5, médio, 3, pouco 1, não conhece -1. (Classificação será fornecida pela empresa)
Nível de Qualidade	10	5	50	Base histórica do nível de qualidade das entregas é muito boa, 5, média, 3, baixa 1. (Classificação será fornecida pela empresa)
Base histórica de entrega	10	5	50	Base histórica das entregas no prazo é muito boa, 5, média, 3, baixa 1. (Classificação será fornecida pela empresa)

5.4 Definir tipo de contrato e cláusulas contratuais para tratar os riscos

Tipos de Contrato

O tipo de contrato e seus termos e condições definem o grau de risco assumido pelo comprador e pelo fornecedor. Para decidir qual é o melhor tipo de contrato, você deve considerar como motivar o fornecedor e como garantir que o trabalho não seja abandonado antes de sua conclusão.

Normalmente, o tipo de contrato é definido por quem tem maior poder, na maioria das vezes, o contratante ou comprador.

O tipo de contrato preferido pelo comprador é o PFG - Preço Fixo Garantido, por implicar em um menor risco devido ao custo final do contratado já está definido na assinatura do contrato.

Lembre-se que você precisa ter uma boa justificativa para usar outro tipo de contrato. Abaixo descrevo os tipos de contrato e as principais vantagens de usá-los.

Figura 5.2 Tipos de Contrato mais comuns

A figura acima apresenta os tipos de contrato mais usados.

Contrato de Preço Fixo

Preço Fechado ou Preço Único acordado para o escopo do trabalho.

Mais usado quando o cliente consegue detalhar o escopo do trabalho.

Uma boa prática é amarrar os pagamentos intermediários as entregas do projeto.

Variações do Contrato de Preço Fixo:

- PFG: Preço Fixo Garantido: Preferido pela maioria das organizações
- PFRI: PF + Remuneração de Incentivo: Prémio p/entrega no prazo
- PFAEP: PF c/Ajuste Econômico do Preço

Contrato de Custos Reembolsáveis

Este tipo de contrato oferece mais flexibilidade e menor risco para o fornecedor, pois, seus custos são todos reembolsados.

Mais usado quando:

- O cliente não consegue detalhar suas necessidades, deixando o fornecedor como responsável por detalhar o escopo.
- Custos são desconhecidos.

Só usá-lo quando existir uma forte relação de confiança com fornecedor

Custo mais Remuneração Fixa - CMRF

É uma das formas mais comuns de contrato de custo reembolsável

O comprador paga todos os custos para a realização do trabalho mais um valor fixado/acordado que será o lucro do fornecedor

Exemplo: Custo + Remuneração de $ 10.000

Custo mais Remuneração de Incentivo - CMRI

O comprador paga todos os custos para a realização do trabalho mais um valor acordado por superar o desempenho esperado pelo comprador.

O incentivo serve para que os objetivos do fornecedor permaneçam alinhados com os do contratante.

Exemplo: Custo + Remuneração de $ 10.000 por mês de entrega antecipada

Tempo e material - T&M

Formado por Preço Fixo (R$ / unidade ou hora trabalhada)

Mais usado quando:

- Envolve pequenos valores ou períodos curtos de utilização
- Necessidade de se começar um trabalho rapidamente
- Body Shop (profissionais alocados)

Elaborar uma minuta do contrato é muito importante para determinar como os riscos relacionados ao contrato serão tratados através do Tipo de Contrato e das cláusulas contratuais.

Essas informações devem constar nos documentos de aquisição (pedido) para que o fornecedor responda ciente dessas condições.

Se estas condições são conhecidas pelo fornecedor somente na fase de negociação, o fornecedor pode não concordar com elas, inviabilizando a negociação e "desperdiçando" um grande esforço por parte do comprador e do fornecedor.

SUA VEZ DE PARTICIPAR

Agora é hora de você definir qual tipo de contrato é mais adequado para sua compra.

Na minha reforma, eu decidi pelo contrato de preço fixo garantido para contratar o mestre de obras e defini os pagamentos intermediários conforme as entregas do projeto.

Para cada pacote de trabalho concluído, era feito o pagamento relacionado.

5.5 Preparar pedido (RFP, RFQ, RFI)

Os documentos de licitação são usados nos processos de Aquisições, porém, tem objetivos e documentos distintos que serão descritos abaixo.

Começando pela saída do processo Planejar o gerenciamento das aquisições, e entrada para o processo Conduzir as aquisições, os documentos de aquisição seriam melhor identificados como documentos de solicitação das aquisições, pois, são usados para obter propostas de fornecedores em potencial.

Devem ser:

- Estruturados para propiciar respostas corretas e completas;
- Rigorosos para garantir consistência, e respostas equivalentes;
- Flexíveis para permitir sugestões dos fornecedores quanto às melhores formas de atender aos requisitos.

Incluem:

- Especificação do trabalho ou Declaração de trabalho;
- Descrição da forma desejada de resposta, e;
- Quaisquer cláusulas contratuais necessárias.

Conforme o tipo de solicitação, será usado um dos documentos de aquisição abaixo:

- Pedido de Informação / Request for Information-RFI[22]
    - Mais usado quando você quer coletar informações sobre um produto ou serviço disponível no mercado oferecido por vários fornecedores.
    - Solicita informações dos fornecedores para fazer uma pré-qualificação dos fornecedores.
    - Dependo da complexidade, a RFI pode ser suficiente para a seleção do fornecedor, ou pode dar subsídios para gerar uma RFP com o escopo mais detalhado para a seleção final do fornecedor.
- Pedido de Cotação / Request for Quotation-RFQ[23]

- Mais usado para buscar cotação da aquisição
- Discussões entre os concorrentes não são necessárias
- Preço é o fator principal na negociação
- Solicitação de Proposta / Request for Proposal-RFP[24]
  - Escopo deve estar claro, bem definido e mensurável
  - Solicitação de Proposta Técnica/Comercial
  - Exige proposta mais elaborada e critérios mais complexos

Para o processo Controlar as aquisições, os documentos de aquisição mais usados são os registros completos de apoio para a administração dos processos de aquisição, inclusive as concessões de contratos de aquisição e a declaração do trabalho.

Para o processo Encerrar as aquisições, todos os documentos de aquisição são coletados, indexados e arquivados e servirão de base para as lições aprendidas e para avaliar o fornecedor para contratos futuros.

Veja também

Exemplos de Projetos:
- RFP da reforma da casa
- RFQ da reforma da casa

Templates/Modelos:
- RFP.docx
- RFQ.xlsx
- RFI.docx
- Planilha complementar para inserir as questões a serem pontuadas - Informações para RFI.xlsx
- Critérios para Seleção de Fontes.xlsx

SUA VEZ DE PARTICIPAR

Agora é hora de você preparar o pedido para sua aquisição seja ele um pedido de cotação (RFQ-Request for Quotation), pedido de proposta (RFP-

Request for Proposal) ou ainda o pedido de informação (Request for Information).

Na minha reforma, foi criado um pedido de cotação dos materiais e um pedido de proposta para contratação do mestre de obras.

Você pode baixar ambos nos links abaixo:

- RFP da reforma da casa
- RFQ da reforma da casa

Apresento a seguir alguns dos tópicos da RFP para lhe servir de referência.

PROPÓSITO DA RFP (REQUEST FOR PROPOSAL)

[Descreva de forma clara e objetiva o propósito da RFP]

Os Montes de Rocha convidam através desse documento empresas consolidadas no mercado com experiência comprovada em reforma de casa.

A casa será desocupada pelo proprietário anterior em 31/03/2010, data que será iniciada a reforma.

O projeto será considerado um sucesso caso seja concluída a reforma da área interna até 31/05 viabilizando a mudança e que atenda o orçamento estipulado para concluir a obra.

As principais entregas serão:

Área interna: Vide detalhamento na declaração de trabalho em anexo.

Área externa: Vide detalhamento na declaração de trabalho em anexo.

SOBRE OS MONTES DE ROCHA

[Informações para ajudar o fornecedor a entender melhor o negócio da empresa]

O Sr. Montes de Rocha tem como principal preocupação da reforma o orçamento, enquanto a Sra. Montes de Rocha deseja ter uma casa moderna, confortável e aconchegante.

DECLARAÇÃO DO TRABALHO

Todos os detalhes em relação ao trabalho a ser executado estão descritos na Declaração de Trabalho.docx em anexo.

ENTREGA DA PROPOSTA

A proposta deve ser entregue até o dia 18/03/2010 para o e-mail sr@montesderocha.com.br.

Toda documentação adicional solicitada deverá ser encaminhada via SEDEX para o endereço Rua Cayowaá, 9999.

ESCLARECIMENTOS

Qualquer dúvida ou esclarecimento deve ser enviada para o e-mail sr@montesderocha.com.br.

As respostas serão encaminhadas a todos os fornecedores que participam da RFP de modo a garantir transparência do processo e simetria da informação.

CONTEÚDO DA PROPOSTA

A proposta a ser enviada pelo fornecedor deve conter as seções abaixo na sequencia sugerida:

Tabela 5-13 Exemplo de conteúdo de proposta para uma reforma

Seq.	Tópico	Conteúdo esperado
1	Sobre a Empresa	Breve descrição da empresa, Não exceder uma página
2	Infraestrutura necessária	Detalhar toda infraestrutura como equipamentos, licenciamento e qualquer recurso adicional necessário para desenvolver o produto
3	Metodologia de Gerenciamento de Projetos	Metodologia de Projetos e ferramentas usadas para gerenciar o projeto
4	Escopo	Qualquer informação que julgar relevante sobre Escopo contemplado
5	Premissas	Premissas que serão necessárias para a execução do projeto
6	Estratégia de entrega	Detalhar a estratégia de como será entregue o produto
7	Cronograma	Detalhar o cronograma do projeto com suas atividades e duração, preferencialmente em formato MPP
8	Lista de recursos / horas de alocação	Detalhar os recursos necessários para o projeto
9	Orçamento	Detalhar a forma de pagamento desejada mediante as entregas esperadas pelo projeto
10	Informações adicionais	Incluir qualquer informação que julgar relevante que não se encaixa nos tópicos anteriores

CRITÉRIOS DE SELEÇÃO

Já descritos no passo 5.3 <u>Estabelecer critérios de avaliação dos fornecedores</u>

REQUISITOS CONTRATUAIS

Abaixo alguns dos requisitos que serão incluídos no contrato:

Confidencialidade

Para propósito deste Contrato será considerada informação confidencial toda e qualquer informação escrita ou verbal ou por qualquer outro meio disponibilizada pelas PARTES que tenha como objeto quaisquer estudos, projeções, análises, projetos, materiais, relatórios, bem como toda e qualquer conclusão ou proposta a respeito desse contrato. Caso uma Informação Confidencial seja incorporada ou refletida em outros documentos, tanto separada ou conjuntamente gerada pelas partes, estes outros documentos deverão ser considerados como Informação Confidencial sujeita aos termos deste Acordo.

Vínculo Empregatício

As partes não manterão qualquer vínculo empregatício com funcionários, gerentes e / ou representantes uma das outras ou entre si, nem tampouco se estabelecerá entre elas qualquer forma de vínculo societário, competindo, portanto, a cada uma delas, particularmente e com exclusividade, o cumprimento de suas respectivas obrigações trabalhistas sociais e previdenciárias, na forma de legislação em vigor.

Comercialização do produto

Fica vedado sob qualquer hipótese ceder, vender, dar em locação ou em garantia, doar, alienar de qualquer forma ou transferir, no todo ou em parte, sob qualquer modalidade, gratuita ou onerosamente, provisória ou permanentemente, o produto desenvolvido para a empresa contratante.

Garantia

No tocante a eventual responsabilidade da empresa vencedora dessa concorrência decorrente de vício ou defeito na prestação dos Serviços, estará sujeita a efetuar todas as correções devidas, desde que notificada no prazo de até um ano após a entrega completa do produto.

5.6 Solicitar Propostas

Identificar lista dos fornecedores potenciais

Normalmente toda empresa possui uma área de compras com um cadastro de fornecedores por área de aquisição.

Quando esse cadastro não existe é possível buscar fornecedores potenciais através de:

- Publicação de Editais
- Sites na Internet
- Anúncios em Jornais, Revistas Especializadas, ...

Divulgar pedido

Qual melhor meio para atingir os melhores fornecedores?

E-mail ou Correspondências diretas aos fornecedores cadastrados

Divulgação de carta-convite

Publicação de Editais

Sites na Internet

Anúncios em Jornais, Revistas Especializadas, ...

SUA VEZ DE PARTICIPAR

Agora é hora de você colocar seu pedido de proposta (RFP-Request for Proposal) no mercado para avaliação dos seus potenciais fornecedores.

Veja abaixo exemplo de e-mail que usei na minha reforma.

Srs,

Gostaria de convidá-los para participar da RFP da reforma da minha casa.

O prazo para retorno da proposta é até 18/03/2010.

Ficamos a inteira disposição para esclarecer qualquer dúvida e solicito confirmar recebimento,

Eduardo Montes, PMP

sr@montesderocha.com.br

ANEXO - RFP

ANEXO I - Declaração de Trabalho

Veja também o exemplo de e-mail que usei em um projeto de Desenvolvimento de Sistemas.

Exemplo de envio via e-mail

Srs,

Gostaria de convidá-los para mais uma RFP da PMO.

O prazo para retorno da proposta é até 23/09.

Ficamos a inteira disposição para esclarecer qualquer dúvida e solicito confirmar recebimento,

Eduardo Montes, PMP

eduardo@escritoriodeprojetos.com.br

PMO Escritório de Projetos

http://escritoriodeprojetos.com.br

ANEXO - RFP

ANEXO I - Padrões de Desenvolvimento

ANEXO II - Padrão Especificação Técnica

ANEXO III - Especificação Funcional

ANEXO IV - Documentação de Sistemas

ANEXO V - Integrações

5.7 Definir como as aquisições serão executadas, monitoradas e encerradas

Planejar o processo de conduzir as aquisições

Você encontrará mais detalhes no próximo capítulo Conduzir as aquisições

Planejar o processo de controlar as aquisições

Você encontrará mais detalhes no próximo capítulo Controlar as aquisições

Planejar o processo de encerrar as aquisições

Você encontrará mais detalhes no próximo capítulo Encerrar as aquisições

SUA VEZ DE PARTICIPAR

Agora é hora de você definir como suas compras serão conduzidas, controladas ou monitoradas e encerradas.

Veja abaixo como conduzi, monitorei e encerrei as aquisições da minha reforma documentada dentro do Plano de Gerenciamento das Aquisições.

Você pode baixá-lo seu modelo e o exemplo em:

Modelos:[25] Plano de gerenciamento das aquisições[26]

Exemplos de Projetos:[27] Plano de gerenciamento das aquisições da reforma da casa[28]

Objetivo do Plano de gerenciamento das aquisições

[Descreva o objetivo do Plano de Gerenciamento das Aquisições.]

O plano de gerenciamento das aquisições descreve como será feito o gerenciamento das aquisições do projeto detalhando seus processos desde o início, quando se decide o que será feito e o que será adquirido até o encerramento dos contratos.

Método de gerenciamento das aquisições

[Use as seções seguintes para identificar os componentes do plano de gerenciamento das aquisições ou modifique-as para encontrar suas necessidades.]

Gerenciar as aquisições do projeto requer um plano de gerenciamento das aquisições aprovado englobando os principais processos de aquisições definidos abaixo. O plano de gerenciamento das aquisições é desenvolvido e aprovado durante a fase de planejamento do projeto para garantir a transparência do processo de seleção de fornecedores e orientar a equipe do projeto sobre como os processos de aquisições serão executados.

Processos de Aquisições

Conduzir as aquisições

> Processo de obtenção das respostas dos fornecedores, seleção dos fornecedores e adjudicação dos contratos.

Controlar as aquisições

> Processo de gerenciar as relações de aquisição, monitorar o desempenho do contrato e fazer mudanças e correções conforme necessário.

Encerrar as aquisições

> Processo de finalização de cada aquisição do projeto. Verifica se todo o trabalho e as entregas são aceitáveis e serve de apoio ao processo de encerramento do projeto ou à fase.
>
> Também envolve atividades administrativas como finalização das reivindicações em aberto, atualização dos registros para refletir os

Decisões de comprar

[Relacione todos os itens a serem adquiridos relacionados com a EAP do projeto. Usar mesmo código usado na EAP.]

Veja seu detalhamento na planilha Decisões de Comprar.xlsx em Anexo.

Por se tratar de uma reforma de casa e não possuirmos equipe própria, basicamente, tudo será terceirizado ou adquirido.

A exceção será o papel de Arquiteta, acumulada pela Sra. Montes de Rocha e o papel de Supervisor da obra, assumido pelo Sr. Rocha, pai da Sra. Montes de Rocha.

Em relação aos fornecedores em potencial, vide a seção fornecedores pré-qualificados.

Documentos padronizados de aquisição

[Descreva os documentos padronizados a serem usadas nos processos das aquisições. Indique onde estão armazenados, como serão usados, e os responsáveis envolvidos.]

Documento	Descrição	Template
Termo de recebimento	Formalização ou Aceita da Entrega do Projeto. Pode ser usada tanto para entregas parciais ou a entrega final do projeto.	Aceite da entrega.docx
Critérios para Seleção de Fontes	Para medir, comparar e/ou pontuar as propostas dos fornecedores. Possuem critérios Eliminatórios e Classificatórios	Critérios para seleção de fontes.xlsx
Decisões de comprar	As decisões de fazer ou comprar documentam as conclusões obtidas em relação aos produtos, serviços ou resultados do projeto adquiridos fora da organização do projeto ou realizados internamente pela equipe do projeto. Também podem incluir decisões de exigir apólices de seguros ou contratos de bônus de desempenho para abordar alguns dos riscos identificados. O documento das decisões de fazer ou comprar pode ser simples; por exemplo, apenas uma lista contendo uma breve justificativa para as decisões.	Decisões de comprar.xlsx
Declaração de trabalho ou Statement of Work (SOW)	Descrição de um produto ou serviço para ser adquirido sob um contrato; Declaração de requisitos. Desenvolvida a partir da linha de base do escopo. Deve fornecer informação suficiente para o vendedor criar e precificar uma proposta aderente à necessidade do projeto.	Declaração de trabalho.docx
Modelo de Contrato	Este documento contém os componentes de contrato citados no PMBOK e foi criado para ser usado como	Modelo de contrato.docx

	documento inicial a ser encaminhado para seu advogado ou especialista em contratos que gerará o contrato final.	
Plano de Gerenciamento das Aquisições	O plano de gerenciamento das aquisições tem como objetivo descrever como os processos de aquisição serão gerenciados desde a decisão de fazer ou comprar até o fechamento do contrato.	Plano das aquisicoes.docx
RFP - Request for Proposal / Solicitação de Proposta	Solicitação de Proposta Técnica/Comercial Escopo deve estar claro, bem definido e mensurável Exige proposta mais elaborada e critérios mais complexos	RFP.docx
RFQ - Request for Quotation / Pedido de Cotação	Usado para fazer cotação dos itens de aquisição quando discussões entre os concorrentes não são necessárias e o preço é o fator principal na negociação	RFQ.xlsx

Responsabilidades das aquisições da Equipe do Projeto

[Descreva as responsabilidades referentes aos processos das aquisições de cada membro do projeto, mesmo que já citados em outros tópicos do documento. Ressaltar as divisões de responsabilidade entre compras, projetos e jurídico.]

Tabela 5-14 Exemplo de Responsabilidades das aquisições da Equipe do Projeto

Membro da Equipe	Responsabilidades
Comprador	Análise das atividades do processo de aquisição do projeto para atender as necessidades do projeto e as políticas e procedimentos de aquisição da empresa
GP	Certificar que a aquisição atenda aos requisitos do projeto (prazo, custo, qualidade). Mitigar riscos das contratações
Advogado	Assessorar juridicamente o GP no desenvolvimento dos documentos de aquisição
Setor técnico	Especificar produto a ser contratado de forma clara e objetiva Validar informações recebidas das propostas
Financeiro	Validar processo de liberação dos recursos financeiros

Métricas

Os padrões de mercado ou da organização e os requisitos a serem atingidos estão descritos na Declaração de Trabalho de cada Aquisição.

Premissas e Restrições

[Premissas e restrições relacionados aos processos de aquisições e como serão tratados. Os pré-requisitos e características do ambiente para as aquisições fazem parte deste tópico. Usar mesma referência da Declaração do escopo. Use sempre a referência do código de aquisição quando for uma premissa específica.]

Orçamento total da reforma: R$100.000,00

Data de mudança para nova casa: 31/05/2010

Fornecedores pré-qualificados

[Use essa seção caso queira detalhar os motivos pela pré-seleção dos fornecedores em potencial. Esses fornecedores serão os que participaram do processo de seleção.]

Cód. Aqui	Fornecedor potencial	Motivo
Mão de obra	Mestre-de-obras José; Claudio Empreiteiro; Domingues Engenheiro	As únicas três opções com indicação de amigos.
Material de construção	C&C; Telha Norte; Leroy Merlin	Proximidade do bairro e facilitando a comparação das cotações

Conduzir as aquisições

[Descreva como serão conduzidas as aquisições]

Tipos de contratos

[Descreva os tipos de contratos utilizados pelo projeto e porque foram selecionados]
- Contrato de Preço Fixo Garantido para Aquisição da Mão de Obra para toda reforma.
- Não será feito nenhum contrato para as aquisições de material de construção.

Critérios de avaliação das cotações e das propostas

[Descreva de forma clara e objetiva os critérios de avaliação usados]

A forma de avaliação da mão de obra está detalhada na RFP.docx

O critério a ser adotada para cotações de material de construção será o menor preço.

Controlar as aquisições

[Descreva como serão avaliados os fornecedores]

Avaliação de fornecedores

[Descreva os critérios utilizados para avaliar os fornecedores e quando serão avaliados]

Através da Análise de Valor agregado e de seus indicadores de prazo e custo (SPI & CPI) e semáforos para indicar o progresso do projeto.

Os critérios serão:

Indicador	Verde	Amarelo	Vermelho
SPI	>= 1.0	>= 0.9 < 1.0	< 0.9
CPI	>= 1.0	>= 0.9 < 1.0	< 0.9

Para isso, a linha base de tempo e custos é salva após a conclusão do planejamento.

Após isso, será feito o acompanhamento semanal entre o planejado (linha de base salva) com o realizado.

A comunicação dos indicadores será feita através do Status Report Semanal no tópico Sumário Executivo.

Avaliação	Critérios de aceitação	Checkpoint
Prazo	SPI >= 1	Semanal
Custo	CPI >= 1	Semanal

Encerrar as aquisições

[Descreva como será encerrado as aquisições]
As aquisições serão encerradas quando as entregas foram finalizadas:
- Reforma interna: Será validada usando os critérios essenciais para viabilizar a mudança do apto para a casa.

- Reforma externa: Será validada baseada nos critérios descritos no Dicionário da EAP.xlsx em anexo.

A medida que os pacotes de trabalho forem concluídos e validados, a equipe responsável será liberada.

A última equipe a ser liberada será a dos pintores.

Será feito o último pagamento com a entrega final da obra.

Será feito um churrasco por conta dos Montes de Rocha no primeiro sábado após o final da reforma com a participação de todos os envolvidos na reforma dos Montes de Rocha para celebrar o sucesso da reforma e agradecer pelo empenho de todos.

Entradas, Ferramentas e Técnicas e Saídas

Se você quer saber o próximo passo sugerido, vá para o capítulo Conduzir as aquisições. Abaixo detalho as Entradas, Ferramentas e Técnicas e Saídas do processo 12.1 Planejar o Gerenciamento das Aquisições do Guia PMBOK® (PMI®, 2017 p. 466).

Tabela 5-15 Entradas, Ferramentas e Saídas do Processo 12.1 Planejar o gerenciamento das aquisições (Guia PMBOK®)

Entradas	Ferramentas	Saídas
Termo de abertura do projeto	Opinião especializada	Plano de gerenciamento das aquisições
Documentos de negócio	Coleta de dados	Estratégia da aquisição
Plano de gerenciamento do projeto	Análise de dados	Documentos de licitação
Documentos do projeto	Análise para seleção de fontes	Especificação do trabalho das aquisições
Fatores ambientais da empresa	Reuniões	Critérios para Seleção de Fontes
Ativos de processos organizacionais		Decisões de fazer ou comprar
		Estimativas de custos independentes
		Solicitações de mudança
		Atualizações de documentos do projeto
		Atualizações de ativos de processos organizacionais

Entradas

Termo de abertura do projeto

Termo de abertura do projeto
- formaliza início do projeto
- dá autoridade necessária ao gerente de projetos

Contém
- principais responsáveis
- requisitos iniciais
- principais entregas
- premissas
- restrições

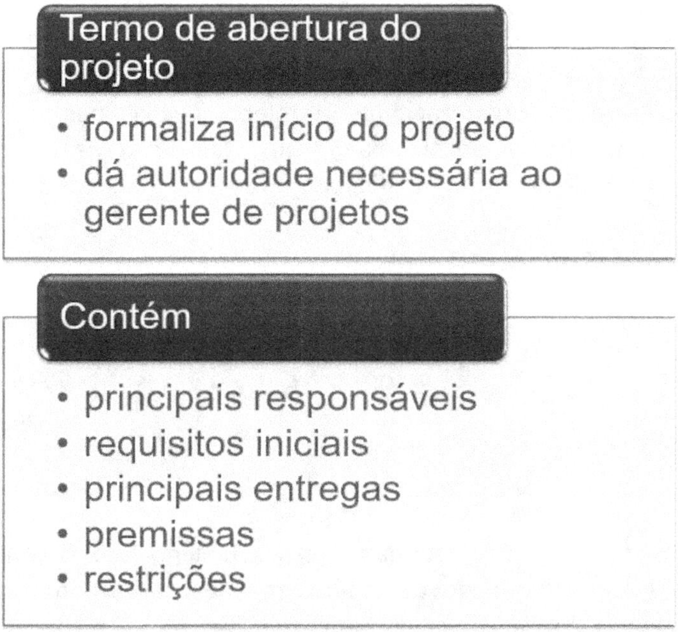

Figura 5.3 Termo de Abertura do Projeto

O termo de abertura do projeto, também muito conhecido como *Project Charter* (inglês), é o documento que autoriza formalmente o início do projeto.

Ele concede ao gerente de projetos a autoridade para aplicar os recursos organizacionais nas atividades do projeto.

O Gerente de Projetos sempre deve ser designado antes do início do planejamento e, de preferência, no desenvolvimento do termo de abertura.

O patrocinador do projeto deve aprovar o termo de abertura do projeto.

O termo de abertura do projeto deve conter informações sumarizadas, porém com o nível de detalhamento necessário para a aprovação ou não do projeto. Abaixo algumas das informações normalmente incluídas:

- Gerente de projetos designado e nível de autoridade atribuída;

- Requisitos que satisfazem as necessidades do cliente, do patrocinador e de outras partes interessadas;
- Necessidades de negócios, descrição de alto nível do projeto ou requisitos do produto para o qual o projeto é realizado;
- Objetivo ou justificativa do projeto;
- Cronograma de marcos de entrega sumarizado;
- Influência das partes interessadas;
- Organizações funcionais e sua participação;
- Premissas organizacionais, ambientais e externas;
- Restrições organizacionais, ambientais e externas;
- Caso de negócios justificando o projeto, incluindo o retorno sobre o investimento;
- Orçamento sumarizado.

Exemplos, modelos e informações complementares em https://escritoriodeprojetos.com.br/termo-de-abertura-do-projeto

Documentos de negócio

Seu projeto deve estar alinhado com seu negócio e o Guia PMBOK® 6ª Edição introduziu dois novos documentos agrupados como documentos de negócio para garantir esse alinhamento (PMI®, 2017, p. 29):

- *Business case*[29];
- Plano de gerenciamento de benefícios do projeto.

O *Business Case* fornece informações necessárias do ponto de vista do negócio, para determinar se o projeto justifica ou não o investimento. Essas informações devem conter as partes interessadas, suas expectativas a serem atendidas, benefícios, entre outros.

O Plano de gerenciamento de benefícios detalha os benefícios apontados no Business Case e explica os processos necessários para criá-los, maximizá-los e mantê-los durante e depois do projeto.

Esses documentos normalmente são elaborados pelas áreas de negócio que demandam o projeto, antes do seu início e são fundamentais para a geração do Termo de Abertura do Projeto.

Plano de gerenciamento do projeto

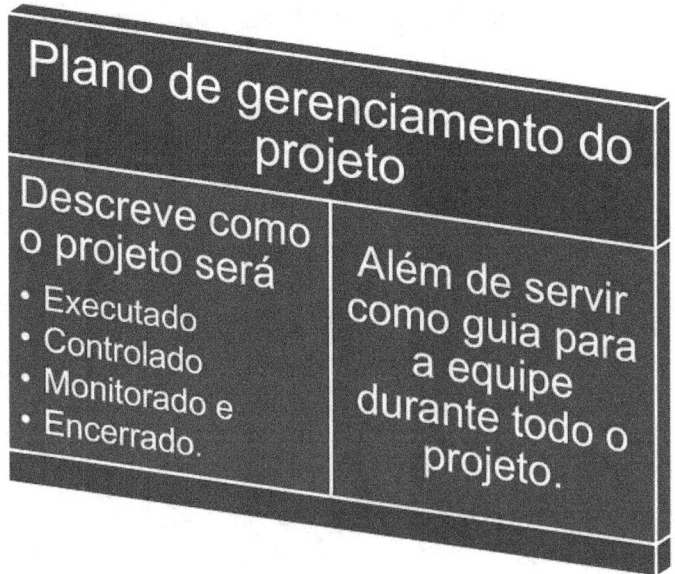

Figura 5.4 Plano de Gerenciamento do Projeto

O plano de gerenciamento do projeto também conhecido como plano de projeto, é a principal referência para a equipe do projeto. Ele descreve, junto com seus planos auxiliares[30], como os processos serão executados, controlados, monitorados e encerrados. Dessa forma, guia a equipe durante todo o projeto.

Segundo o Guia PMBOK®, o plano de gerenciamento do projeto integra e consolida todos os planos de gerenciamento auxiliares, linhas de base e outras informações necessárias para gerenciar o projeto. (PMI®, 2017, p. 86).

Ele é gerado na área de conhecimento de Integração do projeto, atualizado principalmente pelos processos de planejamento, e serve de entrada para praticamente todos os processos.

Exemplos, modelos e informações complementares em https://escritoriodeprojetos.com.br/plano-de-gerenciamento-do-projeto

Documentos do projeto

Ressalto a importância dos seguintes documentos para planejar o gerenciamento das aquisições:

- Documentação dos requisitos[31]: Todos os requisitos a serem atendidos devem estar bem descritos e de forma clara de modo a garantir o entendimento do fornecedor a ser contratado.
- Registro dos Riscos[32]: Como explicado no tópico How - Tipos de contrato, adquirir algo envolve riscos que devem ser analisados e tratados conforme priorização. O registro dos riscos ajudará nessa análise, identificando, priorizando e definindo como tratar os riscos relacionados as aquisições.

Fatores ambientais da empresa

Segundo o Guia PMBOK®, os fatores ambientais da empresa se referem às condições fora do controle da equipe do projeto que influenciam, restringem ou direcionam o projeto. (PMI®, 2017, p. 38)

Fatores ambientais da Empresa

| Cultura e Estrutura organizacional |
| Padrões governamentais ou do setor |
| Infraestrutura |
| Condições do mercado |
| Produtos, serviços e resultados disponíveis no mercado |
| Fornecedores e sua reputação ou desempenho anterior |
| Termos e condições usuais. |

Figura 5.5 Fatores ambientais da empresa

Eles são fatores internos ou externos que podem influenciar o sucesso do projeto e restringir as opções de gerenciamento, tais como:

- Cultura e Estrutura organizacional[33];
- Padrões governamentais ou do setor;
- Infraestrutura;
- Condições do mercado;
- Produtos, serviços e resultados disponíveis no mercado;
- Fornecedores e sua reputação ou desempenho anterior;

- Termos e condições usuais para produtos, serviços e resultados ou para o setor específico.

Os fatores ambientais são entradas para praticamente todos os processos do Guia PMBOK®.

Alguns exemplos de fatores ambientais que podem influenciar seu projeto de forma positiva:

- Estrutura organizacional Projetizada: o gerente de projeto terá mais poder e consequentemente terá mais chance de influenciar o sucesso do projeto. Além disso, a Estrutura organizacional projetizada deve ter maior maturidade em gerenciamento de projetos;
- Cultura organizacional colaborativa: quanto maior o incentivo para colaborar dentro da organização, maior chance de você conseguir a colaboração da equipe do projeto;

Alguns exemplos de fatores ambientais que podem influenciar seu projeto de forma negativa:

- Estrutura organizacional funcional: o gerente de projeto terá pouco poder e dependerá muito dos gerentes funcionais para obter qualquer resultado ou informação no projeto. Além disso, a estrutura organizacional funcional provavelmente terá menor maturidade em gerenciamento de projetos;
- Cultura organizacional da culpa (onde são estimulados os conflitos e a desconfiança entre as pessoas): o gerente de projeto terá muita dificuldade em conseguir ajuda dentro da organização.

Ativos de processos organizacionais

Os ativos de processos organizacionais são os ativos relacionados aos processos da empresa que contribuem para o sucesso do projeto.

Quanto maior o nível de maturidade da organização em gerenciamento de projetos, maior a contribuição dos seus ativos de processos organizacionais em seus projetos.

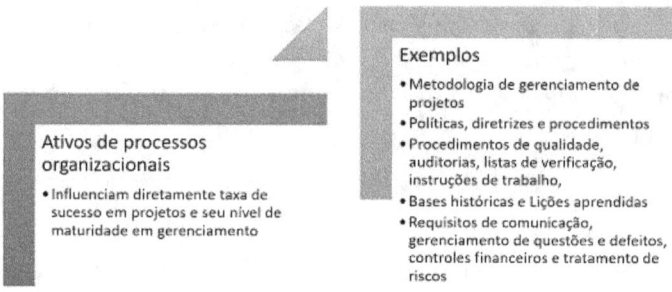

Figura 5.6 Ativos de processos organizacionais

Podem ser:

- Planos formais ou não, políticas, diretrizes e procedimentos.
- Procedimentos de qualidade, auditorias, listas de verificação, instruções de trabalho, regras gerais em diversas áreas.
- Requisitos de comunicação, gerenciamento de questões e defeitos, controles financeiros e tratamento de riscos.
- Base de conhecimento dos projetos passados da empresa como lições aprendidas, informações históricas, ou qualquer informação documentada que possa ajudar no sucesso dos novos projetos.

Se você tem um Escritório de Projetos eficiente, seus ativos de processos organizacionais contribuirão de forma efetiva para o sucesso do seu projeto.

Os ativos de processos organizacionais são entradas para a grande maioria dos processos do Guia PMBOK® (46 processos do total de 49).

Exemplos, modelos e informações complementares em
https://escritoriodeprojetos.com.br/ativos-de-processos-organizacionais

Ferramentas e Técnicas

Opinião especializada

Segundo (Montes, 2017), a opinião especializada é a ferramenta e técnica mais usada pelos processos do Guia PMBOK®. Ela pode ser obtida por meio de consultas individuais ou em formato de painel (discussões de grupo, pesquisas de opinião). Ela é citada em 35 dos 49 processos do guia e por isso, deve sempre ser considerada. A razão é simples, gerencie seu projeto de forma eficaz e procure o especialista para os assuntos que não domina.

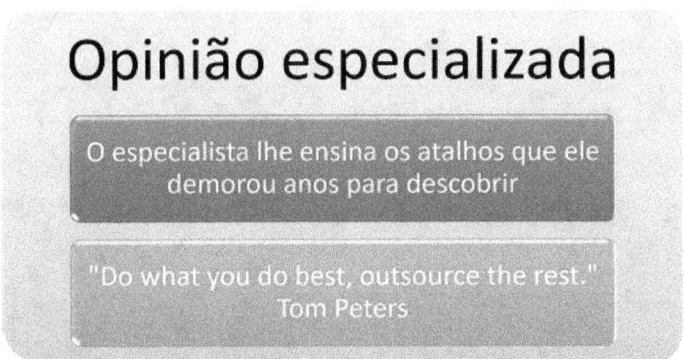

Figura 5.7 Opinião especializada

Para planejar as aquisições, importante procurar um especialista para dar sua opinião em:

- Aspectos relacionados a contratos, compras, questões jurídicas e disciplinas técnicas.
- Redação cuidadosa do contrato pode mitigar ou transferir riscos para fornecedor
- Revisão dos critérios para avaliar as propostas dos fornecedores

Informações complementares em
https://escritoriodeprojetos.com.br/opiniao-especializada

Análise para seleção de fontes

A análise para seleção de fontes prioriza as necessidades de aquisições do seu projeto e determina os métodos de seleção e critérios mais adequados para cada aquisição.

O critério mais usado nas aquisições é o preço, já que impacta diretamente no fluxo de caixa do projeto, porém, muitas vezes o "barato pode sair caro", então é importante determinar um conjunto de critérios ponderando-os de modo a selecionar o melhor fornecedor para atender a necessidade do seu projeto.

Saiba mais no tópico Estabelecer critérios de avaliação dos fornecedores já abordado nesse capítulo.

Abaixo, alguns dos métodos citados no Guia PMBOK para selecionar o melhor fornecedor:

Menor custo

Adequado para aquisições de matérias primas ou bens uniformes, com poucas diferenciações entre cada fornecedor, o preço será um dos fatores decisivos.

Apenas qualificações

Usado normalmente para aquisições de valores menores e com pequena disponibilidade de tempo. Adequado principalmente quando já existe um Cadastro de fornecedores qualificados categorizados por área e com qualificações já determinadas.

Veja também Cadastro de Fornecedores Qualificados.xlsx [34]

Pontuação baseada em qualidade/proposta técnica

Normalmente atrelada a uma Solicitação de Proposta, mais conhecida pelo termo em Inglês, RFP (Request for Proposal), onde você solicitará uma proposta detalhada sobre sua aquisição e fará uma ponderação de acordo com os critérios previamente definidas.

Veja mais no tópico Critérios classificatórios ou de classificação desse capítulo.

Veja também o exemplo usado no modelo RFP - Request for Proposal.docx[35].

Orçamento fixo

Você pode incluir na sua RFP um orçamento máximo permitido de modo a garantir que receba só propostas dentro de determinado valor. Essa é uma boa prática, principalmente, quando você tem uma especificação de trabalho muito bem definida, otimizando assim, os esforços dos seus fornecedores (Eles só participarão caso achem viável atender a proposta no orçamento definido) e o seu, pois, não receberá propostas acima do que é esperado.

Informações complementares em
https://escritoriodeprojetos.com.br/analise-para-selecao-de-fontes

Reuniões

Segundo (Montes, 2017), atualmente, os gerentes de projetos passam mais o seu tempo em reuniões do que em qualquer outro tipo de atividade.

Muitas vezes, em reuniões pouco produtivas que se perde muito tempo e pouco se resolve.

Abaixo algumas boas práticas para tornar sua reunião mais produtiva:

Prepare-se - Planejamento-Pré:

- Definir pauta (objetivos e tópicos a serem discutidos)
- Escolher participantes e convocá-los com a pauta
- Preparar a reunião (Informações necessárias)

Realização-Durante

- Esclarecer quem conduz, quem faz a ata, e critérios de tomada de decisão
- Registrar principais decisões, ações c/ responsável e prazo
- Determinar data da próxima reunião quando necessário

Acompanhamento-Pós

- Distribuir ata rapidamente
- Monitorar as ações e comunicar correções de desvios, progressos etc.

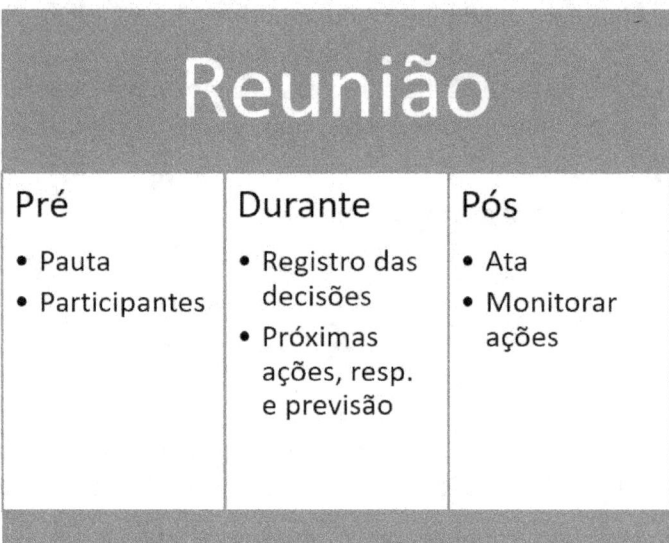

Figura 5.8 Boas práticas para reuniões

Outro tipo de reunião, também, mais frequente a cada dia que passa, é a conferência via vídeo e áudio. Abaixo, algumas dicas específicas:

- Deixe muito claro no convite os procedimentos e pré-requisitos
- Teste antes e solicite o mesmo para os participantes

Certifique que os participantes possuem os pré-requisitos

Coleta de dados

Existem várias técnicas para coletar dados, você deve saber escolher qual técnica é a mais efetiva para cada situação do seu projeto.

Uma das técnicas mais usadas para planejar o gerenciamento das aquisições é a Pesquisa de Mercado. Ela é muito efetiva para identificar os principais fornecedores do produto ou serviço sendo adquirido.

Para itens genéricos como recursos materiais e produtos, os sites de comparação de preço como o Buscapé e o Google Shopping podem ajudar a agilizar a compra e adquirir o produto pelo menor preço.

Já itens que envolvem maior complexidade, a pesquisa pode requerer várias etapas incluindo:

1. Definição do objetivo da pesquisa, restrições e premissas;

2. Desenvolvimento do plano de pesquisa contendo atividades, prazo e responsáveis;
3. Coleta de informações;
4. Análise das informações;
5. Apresentação dos resultados.

Informações complementares em
https://escritoriodeprojetos.com.br/coleta-de-dados

Análise de dados

Análise de dados é um conjunto de métodos e técnicas para analisar os dados obtidos e chegar a conclusões relevantes para o projeto.

Uma das técnicas mais usadas para planejar o gerenciamento das aquisições é a Análise de Fazer ou Comprar descrita no passo Decidir o que fazer e o que comprar deste capítulo.

Informações complementares em
https://escritoriodeprojetos.com.br/analise-de-fazer-ou-comprar
https://escritoriodeprojetos.com.br/analise-de-dados

Saídas

Plano de gerenciamento das aquisições

O plano de gerenciamento das aquisições descreve como será feito o gerenciamento das aquisições do projeto detalhando seus processos desde o início, quando se decide o que será feito e o que será adquirido até o encerramento dos contratos.

Os passos deste capítulo descrevem como gera-lo, principalmente, o passo Definir como as aquisições serão executadas, monitoradas e encerradas.

Plano de Gerenciamento das aquisições	Guia das aquisições do seu projeto
	Descreve os passos de cada processo de todo o ciclo das aquisições

- **Planejar o gerenciamento das aquisições**
  - Decidir o que fazer e o que comprar,
  - especificar produto/serviço,
  - estabelecer critérios de avaliação,
  - preparar pedido (RFP, RFQ, RFI) e
  - solicitar propostas.
- **Conduzir as aquisições**
  - obter respostas dos fornecedores,
  - selecionar fornecedor e
  - assinar contrato.
- **Controlar as aquisições**
  - gerenciar as relações de aquisição,
  - monitorar o desempenho do contrato,
  - realizar mudanças e correções conforme necessário,
  - finalizar reivindicações em aberto e encerrar o contrato.

Figura 5.9 Plano de gerenciamento das aquisições

Exemplos, modelos e informações complementares em https://escritoriodeprojetos.com.br/plano-de-gerenciamento-das-aquisicoes

Estratégia da aquisição

Após a análise de fazer ou comprar e consequente definição de quais pacotes de trabalho serão adquiridos, será necessário detalhar quais estratégias serão adotadas para todo o ciclo de vida do contrato incluindo tipos de contratação, formas de pagamento, fases das aquisições, entre outros.

Por exemplo, se for determinado que a empresa só trabalhará com o Tipo de Contrato Preço Fixo Garantido, é importante atrelar pagamentos e incentivos com as entregas previstas pelo contrato, e seus respectivos critérios de aceitação e sua previsão de término.

Importante também avaliar todas as etapas da aquisição incluindo seu encerramento e como será feito a transição e a entrega do que foi adquirido.

Existem vários tipos de contrato (Saiba mais em How - Tipos de contrato já abordado nesse capítulo)

Informações complementares em
https://escritoriodeprojetos.com.br/estrategia-da-aquisicao

Documentos de licitação

Os documentos de licitação têm como principal objetivo obter propostas de fornecedores em potencial. Detalhados nesse capítulo no passo Preparar pedido (RFP, RFQ, RFI).

Exemplos, modelos e informações complementares em
https://escritoriodeprojetos.com.br/documentos-de-licitacao

Especificação do trabalho das aquisições

A especificação do trabalho das aquisições também muito conhecida pelo acrônimo do seu termo em Inglês, SOW, Statement of Work, contém a descrição de um produto ou serviço para ser adquirido sob um contrato e a declaração de seus requisitos.

Detalhada nesse capítulo no passo Especificar o produto/serviço (Declaração de trabalho).

Exemplos, modelos e informações complementares em
https://escritoriodeprojetos.com.br/especificacao-do-trabalho-das-aquisicoes

Critérios para Seleção de Fontes

São os critérios usados para avaliar a capacidade do fornecedor em relação a aquisição.

Detalhados nesse capítulo no passo Estabelecer critérios de avaliação dos fornecedores.

Exemplos, modelos e informações complementares em
https://escritoriodeprojetos.com.br/criterios-para-selecao-de-fontes

Decisões de fazer ou comprar

As decisões de fazer ou comprar determinam quais pacotes de trabalho da EAP serão comprados e quais serão feitos pela equipe. (Detalhadas nesse capítulo no passo Decidir o que fazer e o que comprar).

Exemplos, modelos e informações complementares em
https://escritoriodeprojetos.com.br/decisoes-de-fazer-ou-comprar

Estimativas de custos independentes

As estimativas de custos independentes são usadas para verificar as respostas das propostas.

Caso existam grandes diferenças entre as propostas, provavelmente, a Especificação do trabalho da aquisição está deficiente ou ambígua.

Informações complementares em
https://escritoriodeprojetos.com.br/estimativas-de-custos-independentes

Solicitações de mudança

Planejamento
- Determinar como as solicitações de mudança serão tratadas (Fluxo)

Execução
- Implementar as solicitações de mudança aprovadas

Controle
- Registrar as solicitações de mudança e submetê-las ao Fluxo

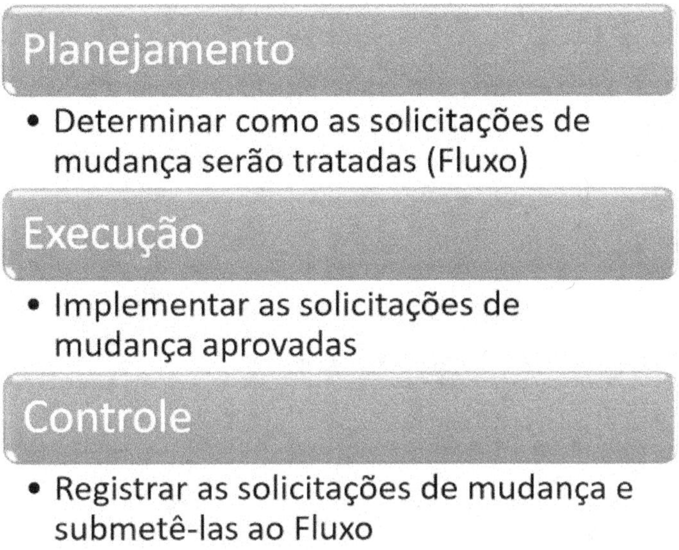

Figura 5.10 Fluxo das solicitações de mudanças

Como é quase certa a existência de várias solicitações de mudança durante o projeto, no planejamento o gerente de projeto deve definir como as mudanças serão tratadas através do Controle Integrado de Mudanças[36] (Fluxo).

Durante o projeto, todas as solicitações de mudanças devem ser documentadas no Registro das mudanças e devem ser aprovadas ou rejeitadas conforme fluxo definido no planejamento dentro do Controle Integrado de Mudanças.

Na execução, as solicitações de mudança aprovadas devem ser devidamente implementadas.

Exemplos, modelos e informações complementares em
https://escritoriodeprojetos.com.br/solicitacoes-de-mudanca

Atualizações de documentos do projeto

Conforme as aquisições vão sendo detalhadas, são necessárias atualizações nos documentos do projeto.

Atualizações de ativos de processos organizacionais

O mesmo ocorre com os ativos de processos organizacionais, à medida que o planejamento das aquisições progride, fornecedores são melhores qualificados, procedimentos e políticas podem ser revisados etc.

6 Conduzir as aquisições

Segundo o Guia PMBOK®, conduzir as aquisições é o processo de obtenção de respostas de vendedores, seleção de um vendedor e adjudicação de um contrato. (PMI®, 2017 p. 482)

Nesse capítulo, iremos detalhar como conduzir as aquisições descrevendo os passos necessários, iniciando por Obter respostas dos fornecedores, Classificando as propostas e selecionando os fornecedores, e por último Negociar, redigir e assinar o contrato conforme resumo apresentado na figura abaixo.

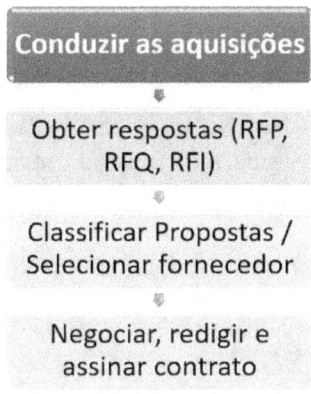

Figura 6.1 Conduzir as aquisições

6.1 Obter respostas dos fornecedores

Nesse momento, o trabalho maior deve ser do seu fornecedor para elaborar as propostas e enviá-las para sua seleção.

Nesta etapa, é muito importante que você:

- Garanta a transparência do processo;
- Dê prazo suficiente para obter propostas com qualidade;
- Esclareça todas dúvidas dos fornecedores compartilhando as respostas com todos;
- Use Publicidade ou outros meios para expandir a lista de fornecedores quando necessário.

Reunião com licitantes

Uma ótima estratégia para garantir o correto entendimento da sua necessidade pelos fornecedores é convocá-los para uma reunião para esclarecer suas dúvidas e para fornecer a mesma informação para todos.

Essa reunião, também conhecida como reunião com licitantes, deve ser planejada com antecedência:

- Coordenador: GP;
- Participantes: todos fornecedores;
- Quando: Antes da apresentação da proposta;
- Objetivo: Garantir entendimento claro e comum e que nenhum licitante tenha tratamento preferencial;
- Ata e respostas as dúvidas individuais devem ser divulgadas para todos.

Podem ser:

- Em grupo: (Minha preferida);
    - Permite conhecimento dos concorrentes;
    - Maior dificuldade de agenda;
    - Maior transparência;
- Individuais: Maior trabalho.

Publicidade

Usar publicidade para atrair mais fornecedores qualificados pode ser muito efetivo.

Quando você não conseguir identificar

Uma técnica que pode ser usada para atrair mais fornecedores

Publicidade: P/ atrair fornecedores qualificados

Saída: Propostas Recebidas

Propostas preparadas em resposta aos documentos de aquisição

Usadas por um grupo de avaliação para selecionar um ou mais fornecedores bem-sucedidos

SUA VEZ DE PARTICIPAR

Agora é hora de você definir como as dúvidas dos fornecedores serão esclarecidas. Você já pode ter feito isso quando criou o Plano de Gerenciamento das Aquisições no passo Definir como as aquisições serão executadas, monitoradas e encerradas.

Veja abaixo minha escolha no projeto da Reforma da minha casa.

Como o projeto da Reforma da Casa foi relativamente simples e existiam poucos fornecedores envolvidos, esclareci todas as questões diretamente.

A reunião com os fornecedores para esclarecer as dúvidas é muito importante quando as compras são complexas ou quando envolvem vários fornecedores, ou até em licitações públicas que exigem maior transparência.

Nessas situações, recomendo usar uma única reunião com todos os fornecedores para garantir a transparência no processo.

6.2 Classificar as propostas / Selecionar fornecedores

Selecionar a melhor proposta nem sempre corresponde a selecionar o melhor fornecedor e é necessário fazer uma avaliação bem minuciosa para selecionar o fornecedor que trará o melhor custo benefício para sua empresa.

Para isso, você pode usar as seguintes ferramentas e técnicas:

- Critérios para seleção de fontes;
- Técnicas de avaliação de propostas;
- Estimativas independentes;
- Opinião especializada.

Abaixo detalho cada uma delas.

Técnicas de avaliação de propostas

As técnicas de avaliação de propostas definem o processo formal de revisão da avaliação conforme políticas de aquisição do comprador.

Uma dessas técnicas, é o uso de um comitê, o que proporciona qualidade e transparência na avaliação.

Abaixo uma sugestão de passos para uma estratégia mais comum e uma mais elaborada.

Estratégia mais comum

Em primeiro lugar, eliminar os fornecedores que não atenderam os critérios obrigatórios.

Depois, incluir as informações sobre os critérios classificatórios para avaliar a posição geral dos fornecedores.

Quando houver empate ou pontuação próximas, você pode aplicar uma análise SWOT (Strength, Weakness, Opportunity and Threat) para decidir o melhor fornecedor, ou usar outros critérios de desempate, como Requisitos Prioritários.

Estratégia mais elaborada

Para aquisições mais elaboradas envolvendo um elevado investimento, você pode iniciar pelos passos da estratégia mais comum descrita acima para selecionar os melhores fornecedores para uma avaliação mais profunda.

Nesse caso, a avaliação poderá envolver várias etapas ou rodadas incluindo:

- Demonstrações sobre o produto ou serviço sendo avaliado;
- Visitas a clientes dos fornecedores;
- Elaboração de protótipos, pilotos e/ou provas de conceito;
- Negociação do contrato com os vencedores;
- Análise custo x benefício.

Estimativas independentes

Para verificar as respostas propostas

Grandes diferenças indicam que a declaração de trabalho da aquisição foi deficiente e/ou ambígua

Opinião especializada

A opinião especializada é fundamental na condução das aquisições e sua importância aumenta conforme a complexidade e os montantes envolvidos.

Quanto maior os riscos e os valores envolvidos, maior a importância de solicitar a ajuda do especialista.

Recomendo a avaliação de um especialista, principalmente, para ajudar na redação final do contrato e avaliar suas cláusulas para mitigar os riscos associados.

Saída: Proposta Classificada / Fornecedor selecionado

SUA VEZ DE PARTICIPAR

Agora é hora de você classificar as propostas recebidas e selecionar o melhor fornecedor. Novamente, você já deve ter definido os critérios e como fazer quando criou o Plano de Gerenciamento das Aquisições no passo Definir como as aquisições serão executadas, monitoradas e encerradas. Então execute o que já foi definido e reavalie sempre que julgar necessário.

Veja abaixo como classifiquei as propostas e selecionei o mestre de obras para reformar a minha casa.

> Usei a Planilha de Critérios para Seleção de Fontes para selecionar o melhor fornecedor.
>
> Segue o link caso queira baixar a planilha usada com a seleção feita Critérios para Seleção de Fontes/Fornecedores da reforma da casa[37]
>
> Abaixo o link da planilha para você usar na sua seleção e adaptar conforme seus critérios. Criei uma segunda opção de planilha para Seleção de Fornecedores um pouco mais simples e de mais fácil configuração. Segue link caso queira avaliá-la (Seleção de Fornecedores.xlsx[38]).

6.3 Negociar contrato

Negociar com o fornecedor para chegar no melhor preço e nas melhores condições pode fazer uma grande diferença para o seu projeto, representando descontos significativos e melhores condições para mitigar os riscos envolvidos na aquisição.

Negocie com os 2 ou 3 melhores fornecedores

Normalmente, deve-se iniciar a negociação com a empresa vencedora da RFP, porém, deve-se trabalhar com as 2 ou 3 melhores classificadas caso apareça algum imprevisto na negociação final antes da assinatura do contrato.

Isso é necessário porque muitas vezes, o fornecedor e/ou você (sua empresa) identifica novas condições que inviabilizam a proposta original.

Por exemplo: Sua empresa necessita do direito intelectual do produto gerado, e a empresa vendendo o produto não quer fornecer o mesmo.

Você pode ter incluído essa condição na RFP, porém, o fornecedor não prestou atenção no item ou ainda você esqueceu de incluir esse termo.

Detalhes a serem negociados no contrato

O contrato deve esclarecer a estrutura, requisitos e outros termos para obter acordo mútuo antes da assinatura o contrato

Deve ser feita com foco em aliança e com critérios claros e éticos

Como o casamento, a negociação deve ter um bom relacionamento para que a relação seja duradoura.

Detalha itens descritos ou não na solicitação como:
- Responsabilidades
- Ajustes de cláusulas do contrato
- Multas e penalidades para as partes
- Autoridade para fazer mudanças

- Legislação e termos aplicáveis
- Abordagens de gerenciamento
- Direitos de propriedade
- Soluções técnicas
- Cronograma
- Pagamentos
- Preços

"Não é sábio pagar muito, mas também não é sábio pagar pouco; quando você paga muito você perde um pouco de dinheiro, isso é tudo.

Quando você paga muito pouco, às vezes você perde tudo, porque quem você contratou não foi capaz de fazer aquilo que deveria ser feito.

A lei maior do equilíbrio dos negócios torna impossível pagar pouco e ganhar muito."

JOHN RUSKIN (1819-1900)

Responsáveis pela negociação

O gerente do projeto não deve ser o principal negociador, principalmente, para evitar desgaste futuro.

Muitas vezes para fechar uma boa negociação é necessário ser "duro" com o fornecedor para conseguir as melhores condições. Quanto mais "duro" você é com o fornecedor, mais você se desgasta. É melhor você poupar esse desgaste da negociação, para usá-lo no processo de Controlar as aquisições.

Outro motivo está relacionado com as desvantagens de se fazer uma aquisição descentralizada como apresentado no tópico abaixo.

Normalmente, é a área de compras que assume a negociação.

A negociação pode ser feita de forma centralizada por uma área de compras da empresa, ou descentralizada, por alguém da equipe do projeto.

Who Negociação Centralizada x Decentralizada

Veja abaixo as principais vantagens e desvantagens de cada tipo que foram adaptadas de (XAVIER, 2013 p. 76).

Tabela 6-1 Principais vantagens e desvantagens da aquisição centralizada e da descentralizada

Tipo	Vantagens	Desvantagens
Centralizada	Padroniza Forma especialistas Compartilha recursos Melhor controle Descontos por volume	Ilha de conhecimento Prioridade dada pelo setor de aquisições
Descentralizada	Maior conhecimento do que será adquirido Prioridade dada pelo projeto	Não padronizado Maior dificuldade no controle Duplicidade de função

Abaixo algumas boas práticas sugeridas para as negociações centralizada e descentralizada.

Tabela 6-2 Boas práticas para negociação centralizada e descentralizada

Tipo	Boas práticas
Centralizada	Estabelecer fluxo de informações com responsáveis para atender prioridades e requisitos técnicos e comerciais do projeto Matriz de responsabilidade do processo de Aquisições
Descentralizada	Trabalhar para padronizar o processo e criar banco de dados de lições aprendidas e histórico de fornecedores PMO pode ajudar com histórico e padronização

Redigir contrato

- Opinião especializada

Assinar contrato

- Saída: Acordos - Contrato assinado

SUA VEZ DE PARTICIPAR

Com os melhores fornecedores classificados, é hora de você validar as condições e negociar eventuais pontos esquecidos no planejamento.

Veja abaixo como fechei o acordo entre os dois mestres de obras selecionados.

Apesar da diferença entre os dois primeiros colocados ter sido muito pequena conforme você pode conferir na planilha, um fator foi determinante na minha escolha.

Gostei muito da apresentação e da proposta do mestre de obras indicado pelo Jorge, eles foram mais profissionais, apresentando cronograma da obra, sequência de entregas, enfim, tudo que um gerente de projetos gostaria de receber.

Em contrapartida, o mestre de obras indicado pelo meu sogro não apresentou nem uma proposta mais detalhada, passando somente o valor da empreitada. E quando lhe perguntei sobre a sequência de entregas e datas, ele só me disse que faria o máximo para entregar tudo no prazo previsto e que eu poderia contar com o seu comprometimento.

Entretanto, quem iria acompanhar o dia a dia da obra era meu sogro, e ele tinha total confiança do mestre de obras que ele havia indicado. Não tive dúvida, fiquei com a credibilidade do mestre de obras com meu sogro e com o bom clima entre a equipe da reforma.

As negociações foram pequenas, ocorreu um questionamento por parte do mestre de obras em relação a multa contratual de R$1.000,00/dia de atraso, mas, que foi aceita posteriormente.

No final, conseguimos entregar a reforma como planejado e com poucos problemas no andamento da reforma.

Fiquei sabendo depois pelo Jorge, que o mestre de obras que ele havia indicado e que também estava fazendo a reforma dele, lhe causou vários aborrecimentos levando ao cancelamento do contrato. Ele acabou contratando o mestre de obras de confiança do meu sogro para terminar sua reforma.

Lição aprendida: "Vale muito mais a credibilidade e o bom clima entre a equipe do que uma bela apresentação".

Entradas, Ferramentas e Técnicas e Saídas

De forma adicional, apresento as entradas, ferramentas e técnicas e saídas segundo o Guia PMBOK® (PMI®, 2017):

Tabela 6-3 Entradas, Ferramentas e Saídas do Processo 12.2 Conduzir as aquisições (Guia PMBOK®)

Entradas	Ferramentas	Saídas
Plano de gerenciamento do projeto Documentos do projeto Documentação de aquisições Propostas dos fornecedores Fatores ambientais da empresa Ativos de processos organizacionais	Opinião especializada Publicidade Reuniões com licitantes Análise de dados Habilidades interpessoais e de equipe	Fornecedores selecionados Acordos Solicitações de mudança Atualizações do plano de gerenciamento do projeto Atualizações de documentos do projeto Atualizações de ativos de processos organizacionais

Abaixo os links das páginas de cada entrada, ferramenta e saída detalhando algumas delas.

Entradas

Plano de gerenciamento do projeto

Detalhado nas entradas do processo planejar o gerenciamento das aquisições - Plano de gerenciamento do projeto.

Documentos do projeto

Detalhado nas entradas do processo planejar o gerenciamento das aquisições - Documentos do projeto.

Documentação de aquisições

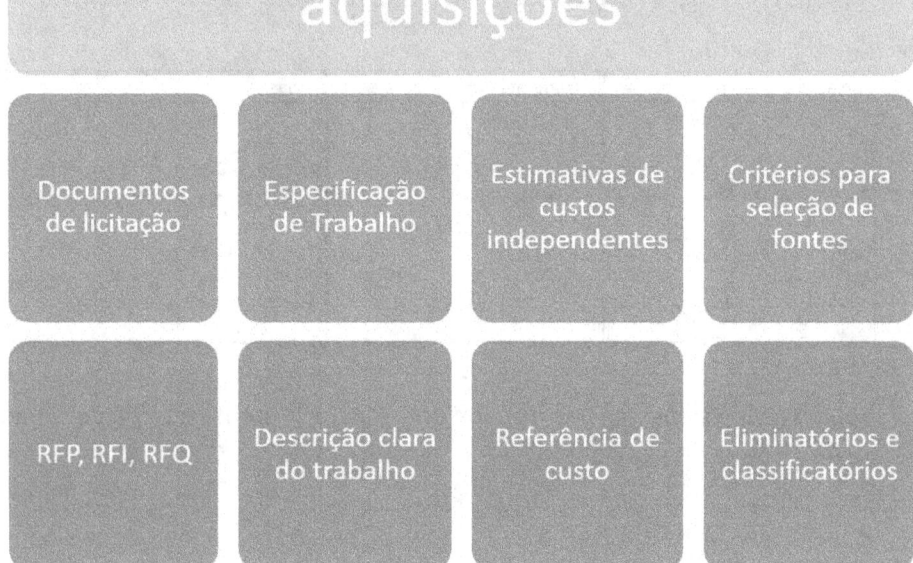

Figura 6.2 Documentação de aquisições

A documentação de aquisições é composta pelos documentos relacionados a aquisição geradas inicialmente no Planejamento das Aquisições:

- Documentos de licitação: RFP, RFI, RFQ
- Especificação de Trabalho: Descrição clara do trabalho
- Estimativas de custos independentes: Referência de custo
- Critérios para seleção de fontes: Eliminatórios e classificatórios

Propostas dos fornecedores

As propostas dos fornecedores são preparadas em resposta aos documentos de aquisição (RFP, RFI, RFQ) e são a principal referência para selecionar o melhor fornecedor.

Exemplos, modelos e informações complementares em https://escritoriodeprojetos.com.br/propostas-dos-fornecedores

Fatores ambientais da empresa

Detalhado nas entradas. do processo planejar o gerenciamento das aquisições - Fatores ambientais da empresa.

Ativos de processos organizacionais

Detalhado nas entradas do processo planejar o gerenciamento das aquisições - Ativos de processos organizacionais.

Ferramentas e Técnicas

Opinião especializada

A opinião especializada está descrita no passo Classificar as propostas / Selecionar fornecedores deste capítulo.

Informações complementares em https://escritoriodeprojetos.com.br/opiniao-especializada

Publicidade

Detalhado no passo Obter respostas dos fornecedores tópico Publicidade.

Reuniões com licitantes

Detalhado no passo Obter respostas dos fornecedores tópico Reunião com licitantes.

Análise de dados

Análise de dados é um conjunto de métodos e técnicas para analisar os dados obtidos e chegar a conclusões relevantes para o projeto.

As técnicas de avaliação de propostas são muito mais usadas para conduzir as aquisições é estão descritas no passo Classificar as propostas / Selecionar fornecedores deste capítulo.

Informações complementares em
https://escritoriodeprojetos.com.br/tecnicas-de-avaliacao-de-propostas
https://escritoriodeprojetos.com.br/analise-de-dados

Habilidades interpessoais e de equipe

Uma das habilidades interpessoais mais importantes para conduzir as aquisições é a negociação descrita no passo Negociar contrato desse capítulo.

Saídas

Fornecedores selecionados

Os fornecedores são selecionados de acordo com o resultado da avaliação.

Após a seleção, inicia-se a negociação para gerar o contrato final.

É muito importante, que nessa etapa não participe somente o fornecedor melhor classificado, pois, é comum, identificarem divergências antes da adjudicação do contrato de aquisição.

Exemplos, modelos e informações complementares em
https://escritoriodeprojetos.com.br/fornecedores-selecionados

Acordos

Detalhado no capítulo Fundamentos tópico Acordo.

Mais detalhes também no passo Definir tipo de contrato e cláusulas contratuais para tratar os riscos.

Solicitações de mudança

Detalhado nas saídas do processo planejar o gerenciamento das aquisições - Solicitações de mudança.

Atualizações no plano de gerenciamento do projeto

Conforme a discussão com os fornecedores vai evoluindo, são identificados pontos a serem aperfeiçoados no planejamento do projeto.

Atualizações nos documentos do projeto

Também são identificados pontos de melhoria nos documentos do projeto, principalmente na documentação dos requisitos para deixar mais claro os requisitos para os fornecedores.

Atualizações de ativos de processos organizacionais

O mesmo ocorre com os ativos de processos organizacionais, à medida que a avaliação dos fornecedores progride, fornecedores são melhores qualificados, procedimentos e políticas são revisados etc.

7 Controlar as aquisições

Segundo o Guia PMBOK®, controlar as aquisições é o processo de gerenciar relacionamentos de aquisições, monitorar o desempenho do contrato, fazer mudanças e correções conforme apropriado e encerrar contratos. (PMI®, 2017 p. 492)

Controlar as Aquisições poderia também ser chamado de "Administrar ou Controlar os contratos", já que o principal objetivo desse processo é assegurar que as partes atendam aos requisitos estabelecidos no contrato.

Nesse capítulo, iremos detalhar como controlar as aquisições descrevendo os passos necessários, iniciando por Preparar-se para controlar as aquisições, oficializando o início do contrato através de um Kickoff Meeting, e depois partindo para a Execução do contrato e o seu Monitoramento conforme resumo apresentado na figura abaixo.

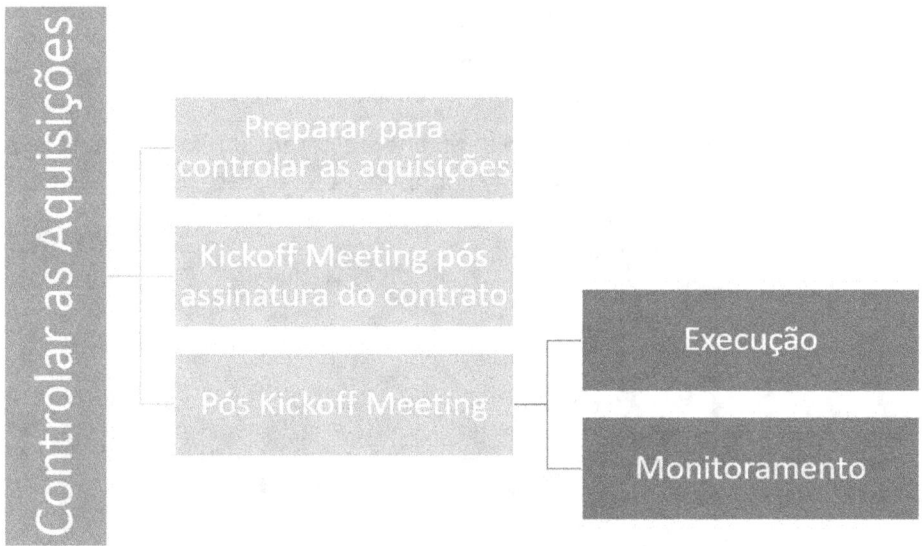

Figura 7.1 Controlar as aquisições

7.1 Preparar para controlar as aquisições

Após a assinatura do contrato (última entrega do processo Conduzir as aquisições explicado no capítulo anterior), é o momento de nos prepararmos para administrar o contrato e monitorar o fornecedor para garantir uma perfeita execução.

Independentemente da sua participação ou não da confecção e da negociação do contrato, é necessária sua leitura de modo a garantir o entendimento do contrato como um todo e, principalmente, das condições necessárias para seu fornecedor cumpra o esperado.

Você, como responsável pelo projeto, deve esclarecer a sua equipe as suas implicações legais, níveis de serviços previstos, questões contratuais e qualquer ponto que julgar relevante para garantir as entregas previstas.

Além disso, você deve revisar os procedimentos e os responsáveis definidos no Plano de Gerenciamento das Aquisições no passo Definir como as aquisições serão executadas, monitoradas e encerradas de modo a garantir:

- Aderência aos termos e condições do contrato;
- Efetiva Comunicação e Controle;
- Efetivo Controle de Mudanças;
- Adequada solução de reinvindicações.

Depois de revisado o contrato e o plano de gerenciamento de aquisições, é hora de preparar o Kickoff Meeting para esclarecer regras, direitos e obrigações entre os envolvidos na execução do contrato.

7.2 Kickoff Meeting pós assinatura do contrato

A primeira preocupação que devemos ter para administrar o contrato de forma efetiva é garantir o alinhamento de todos envolvidos sobre o contrato, e principalmente, esclarecer regras e procedimentos, direitos e obrigações p/ garantir um bom relacionamento durante todo contrato.

Dessa forma, a pauta da reunião do Kickoff deve tratar os seguintes tópicos:

- Importância do projeto;
- Premissas e restrições;
- Escopo de trabalho;
- Principais produtos e marcos;
- Matriz de Comunicação e procedimentos para garantir uma comunicação efetiva;
- Matriz de Responsabilidades;
- Regras de Incentivo e Multas;
- Gestão de mudanças;
- Gestão de conflitos e procedimentos para garantir uma adequada solução de reinvindicações.

Questione também seu fornecedor se ele gostaria de incluir algum tópico na reunião.

O Kickoff deve ser uma reunião formal e devidamente planejada. Abaixo as atividades que devem ser cumpridas divididas em antes, durante e depois do Kickoff.

- Planejamento-Pré
    - Definir pauta (objetivos e tópicos a serem discutidos)
    - Escolher participantes e convocá-los com a pauta
    - Preparar a reunião (Informações necessárias)
- Realização-Durante
    - Esclarecer objetivo da reunião, quem conduz, quem faz a ata
    - Cada parte deve indicar seu representante durante condução do contrato
    - Registrar decisões e ações c/ responsável e prazo
    - Marcar próxima reunião quando necessário
    - Não deve ficar dúvidas em relação condução do projeto
- Acompanhamento-Pós
    - Formalizar a ata e distribuí-la rapidamente

Após o Kickoff, importante sua formalização através de uma ata de reunião e a distribuição e validação da mesma com todos envolvidos de modo a esclarecer qualquer dúvida ou pontos não previstos ou confusos no contrato.

7.3 Pós Kickoff Meeting – Execução

Com a realização do Kickoff, você deve ter garantido o alinhamento e o envolvimento de todos para iniciar a execução do que está previsto no contrato.

Agora, vamos partir para a execução do contrato e para isso é crucial que seja cumprido os itens abaixo:

- Executar Plano de Gerenciamento das Aquisições;
- Registrar reuniões e lições aprendidas através de um Sistema de gerenciamento de registros;
- Aditar contrato sempre que for necessário incluir informação com a finalidade de complementação ou esclarecimento. O contrato pode ser retificado por consentimento mútuo conforme termos de controle de mudanças.

7.4 Pós Kickoff Meeting – Monitoramento

Em paralelo a execução, é necessário monitorar o contrato de modo a garantir que o previsto está sendo executado e ajustar a rota sempre quando houver mudanças e desvios.

Para isso, é fundamental monitorar os pagamentos de forma adequada para garantir o adequado envolvimento do seu fornecedor. Abaixo, algumas das boas práticas que uso em meus projetos e muitas vezes esquecidas nas organizações:

- Pagamento feito = trabalho realizado
- Sistemas de pagamento
- Sempre que possível, o pagamento deve estar atrelado a alguma entrega do contrato.

Além disso, é necessário Medir e controlar desempenho semanalmente.

Seguem também as boas práticas que adoto para evitar desgastes e problemas com seu fornecedor e com as partes envolvidas:

- Rápida ação se ocorrem desvios;
- Análise de desempenho das aquisições;
- Inspeções e auditorias;
- Relatórios de desempenho.

Técnicas e Ferramentas para controlar as aquisições

Sistema de controle de mudanças no contrato

- Deve atender as políticas definidas
- Define processo pelo qual as aquisições podem ser modificadas
    - Documentos
    - Sistemas de acompanhamento
    - Procedimentos de resolução de disputas
    - Níveis de aprovação necessários para autorizar as mudanças
- Integrado ao controle integrado de mudanças

Efetivo Controle de Mudanças (XAVIER, 2013)

- Cláusulas contratuais com:
    - Estabelecimento de procedimentos formais para alterações no contrato

- o Responsáveis pela solicitação e aprovação de mudanças
- o Procedimentos para respostas a mudanças não autorizadas
- o Procedimentos p/ identificar e mensurar os efeitos das mudanças e seus impactos
- Mudanças devem ser registradas e formalizadas para preservar os direitos e obrigações das partes

Análise de desempenho das aquisições

- Avaliação estruturada do progresso do fornecedor
- Controle e Garantia da Qualidade
    - o Análise de documentação
    - o Inspeções
    - o Auditorias de Qualidade
- Objetivo
    - o Identificar êxitos e fracassos do desempenho, progresso em relação à declaração do trabalho e não-cumprimento do contrato,
    - o Quantificar a capacidade demonstrada pelo fornecedor para executar o trabalho

Sistemas de pagamento

Pagamento feito = trabalho realizado

Pago após certificação de trabalho satisfatório por pessoa autorizada

Devem ser feitos e documentados em concordância com termos do contrato

Sistema de gerenciamento de registros

Parte do sistema de informações do GP

Usado para armazenar e recuperar a documentação do contrato

Entradas, Ferramentas e Técnicas e Saídas

De forma adicional, apresento as entradas, ferramentas e técnicas e saídas segundo o Guia PMBOK® (PMI®, 2017):

Tabela 7-1 Entradas, Ferramentas e Saídas do Processo 12.3 Controlar as aquisições (Guia PMBOK®)

Entradas	Ferramentas	Saídas
Plano de gerenciamento do projeto Documentos do projeto Acordos Documentação de aquisições Solicitações de mudança aprovadas Dados de desempenho do trabalho Fatores ambientais da empresa Ativos de processos organizacionais	Opinião especializada Administração de reivindicações Análise de dados Inspeção Auditorias	Aquisições encerradas Informações sobre o desempenho do trabalho **Atualizações na** Documentação de aquisições Solicitações de mudança Atualizações do plano de gerenciamento do projeto Atualizações de documentos do projeto Atualizações de ativos de processos organizacionais

Abaixo os links das páginas de cada entrada, ferramenta e saída detalhando algumas delas.

Entradas

Plano de gerenciamento do projeto

Detalhado nas entradas do processo planejar o gerenciamento das aquisições - Plano de gerenciamento do projeto.

Documentos do projeto

Detalhado nas entradas do processo planejar o gerenciamento das aquisições- Documentos do projeto.

Acordos

Detalhado no capítulo Fundamentos tópico Acordo.

Mais detalhes também no passo Definir tipo de contrato e cláusulas contratuais para tratar os riscos.

Documentação de aquisições

A documentação de aquisições é importante estar bem armazenada e de fácil acesso. Informações como os pagamentos feitos, entregas validadas, e-mails ajudaram no monitoramento do fornecedor.

Solicitações de mudança aprovadas

Detalhado nas saídas do processo planejar o gerenciamento das aquisições.
- Solicitações de mudança.

Dados de desempenho do trabalho

Os dados de desempenho do trabalho são os valores das métricas e observações geradas na execução das atividades do projeto.

Esses dados de desempenho são usados para gerar informações para tomada de decisões e monitorar o desempenho do seu fornecedor.

Uma boa prática é atrelar ao contrato do fornecedor como seu desempenho será medido e apresentado e quais as multas ou incentivos associados.

Alguns exemplos sobre os dados de desempenho coletados:

- Medidas de desempenho técnicas;
- Percentual fisicamente terminado de uma atividade em andamento;
- Início e Término de uma atividade;
- Custos e Despesas realizados.

Fatores ambientais da empresa

Detalhado nas entradas do processo planejar o gerenciamento das aquisições- Fatores ambientais da empresa.

Ativos de processos organizacionais

Detalhado nas entradas do processo planejar o gerenciamento das aquisições - Ativos de processos organizacionais.

Ferramentas e Técnicas

Opinião especializada

A opinião especializada pode apoiar, principalmente, na resolução das reinvindicações feitas pelo fornecedor e na validação dos dados de desempenho.

Informações complementares em
https://escritoriodeprojetos.com.br/opiniao-especializada

Administração de reivindicações

Administração de reivindicações tem como objetivo solucionar as reinvindicações de forma adequada e justa para ambas as partes.

A reinvindicação é uma mudança solicitada que não houve acordo entre as partes.

Todas as reinvindicações devem ser documentadas, processadas, monitoradas e gerenciadas em todo o ciclo de vida do contrato conforme os termos do contrato.

Deve-se buscar solucioná-las de forma efetiva e justa e sempre privilegiar as negociações diretas.

Reinvindicação
- Mudança solicitada sem acordo
- Solucioná-las de forma efetiva e justa
- Privilegiar as negociações diretas

Alternativas Fora do Jurídico
- Mediador
  - Não oferece soluções mas atua como facilitador das partes
- Arbitragem
  - Árbitro faz papel do juiz e é escolhido de comum acordo
  - Pode ser um técnico da área apresentada pelas partes

Ultima opção
- Disputa judicial => Ruptura da boa relação

Figura 7.2 Administração de reivindicações

As alternativas fora do jurídico podem resultar em um acordo mantendo a relação cordial entre as partes. As duas alternativas mais conhecidas são:

- Mediação: Mediador não oferece soluções mas atua como facilitador da comunicação das partes
- Arbitragem: Árbitro faz papel do juiz e é escolhido de comum acordo. Pode ser um técnico da área apresentada pelas partes.

A última opção deve ser a disputa judicial, pois, normalmente, levará a ruptura da boa relação contratual.

Informações complementares em
https://escritoriodeprojetos.com.br/administracao-de-reivindicacoes

Análise de dados

Análise de dados é um conjunto de métodos e técnicas para analisar os dados obtidos e chegar a conclusões relevantes para o projeto.

Para controlar as aquisições é necessário analisar o desempenho do fornecedor e concluir se ele cumprirá com o esperado e quais medidas devem ser tomadas caso contrário.

Uma das técnicas mais conhecidas para gerenciar o desempenho é o Gerenciamento do valor agregado que se baseia nos seguintes dados de desempenho:

- Valor Planejado (VP): Valor que deveria ser gasto, considerando o custo de linha da base;
- Valor Agregado (VA): Valor que deveria ser gasto, considerando o trabalho já realizado;
- Custo Real (CR): Custos reais para o trabalho já realizado por um recurso ou atividade até a data atual.

Informações complementares em
https://escritoriodeprojetos.com.br/gerenciamento-do-valor-agregado
https://escritoriodeprojetos.com.br/analise-de-dados

Inspeção

A inspeção é usada para garantir o atendimento dos termos e condições do contrato por parte do fornecedor.

O ideal é sempre atuarmos de forma preventiva, evitando os custos relacionados aos problemas identificados na inspeção.

A inspeção avalia as entregas do fornecedor com o intuito de identificar não conformidades (defeitos). Portanto, os produtos devem ser inspecionados antes da entrega ao cliente final determinando pela:

- Entrega do produto;
- Retrabalho ou
- Descarte dos itens defeituosos.

Informações complementares em
https://escritoriodeprojetos.com.br/inspecao

Auditorias

A auditoria é uma análise estruturada e independente que busca identificar políticas, processos e procedimentos ineficientes e ineficazes em uso no projeto e não aderentes às políticas e procedimentos do projeto e da empresa.

Nesse caso, ela será aplicada em relação aos processos de aquisições.

Ela pode ser agendada ou aleatória. A aleatória tem a vantagem de contar com o fator surpresa que impede da área se preparar antecipadamente apresentando uma realidade que não condiz com o dia-a-dia.

Informações complementares em

https://escritoriodeprojetos.com.br/auditorias

Saídas

Aquisições encerradas

Segundo o Guia PMBOK®, as aquisições são encerradas quando o comprador, em geral por meio do administrador de aquisições autorizado, envia ao fornecedor um aviso formal por escrito de que o contrato foi concluído. Os requisitos de encerramento formal das aquisições em geral são definidos nos termos e condições do contrato e são incluídos no plano de gerenciamento das aquisições.

Informações complementares em
https://escritoriodeprojetos.com.br/aquisicoes-encerradas

Informações sobre o desempenho do trabalho

As informações sobre o desempenho do trabalho são geradas para tomada de decisão a partir dos dados sobre o desempenho do trabalho.

São exemplos de informações sobre desempenho:

- *Status* das entregas;
- Até que ponto os padrões de qualidade estão sendo atendidos;
- Estimativas para terminar as atividades que foram iniciadas;
- Lições aprendidas documentadas;
- Detalhes da utilização de recursos.

Exemplos, modelos e informações complementares em https://escritoriodeprojetos.com.br/informacoes-sobre-o-desempenho-do-trabalho

Atualizações na Documentação de aquisições

A documentação de aquisições é importante ser atualizada de acordo com o desempenho do fornecedor e das mudanças aprovadas. Entre os documentos mais comuns estão a documentação desenvolvida pelo fornecedor, as entregas e respectivos pagamentos, os resultados das inspeções etc.

Solicitações de mudança

Detalhado nas saídas do processo planejar o gerenciamento das aquisições.
- Solicitações de mudança.

Atualizações no plano de gerenciamento do projeto

O controle da aquisição e do fornecedor identifica desvios e suas causas que podem levar a ajustes no planejamento do projeto.

Atualizações nos documentos do projeto

Também são identificados pontos de melhoria nos documentos do projeto, principalmente no registro das lições aprendidas para evitar os erros em projetos futuros.

Atualizações de ativos de processos organizacionais

O mesmo ocorre com os ativos de processos organizacionais, à medida que a avaliação dos fornecedores progride, fornecedores são melhores qualificados, procedimentos e políticas são revisados etc.

8 Encerrar as aquisições

Encerrar as aquisições é o processo de finalização de cada aquisição do projeto.

Ele era tratado como um processo a parte até a quinta edição do Guia PMBOK e suas atividades foram migradas para o processo Controlar as aquisições.

O processo "encerrar as aquisições" serve de apoio ao processo de encerramento do projeto ou a fase. Ele finaliza todas reivindicações em aberto, atualiza os registros e arquiva informações e encerra o contrato.

Esse processo pode ser dividido nos passos detalhados a seguir e ilustrados na figura abaixo:

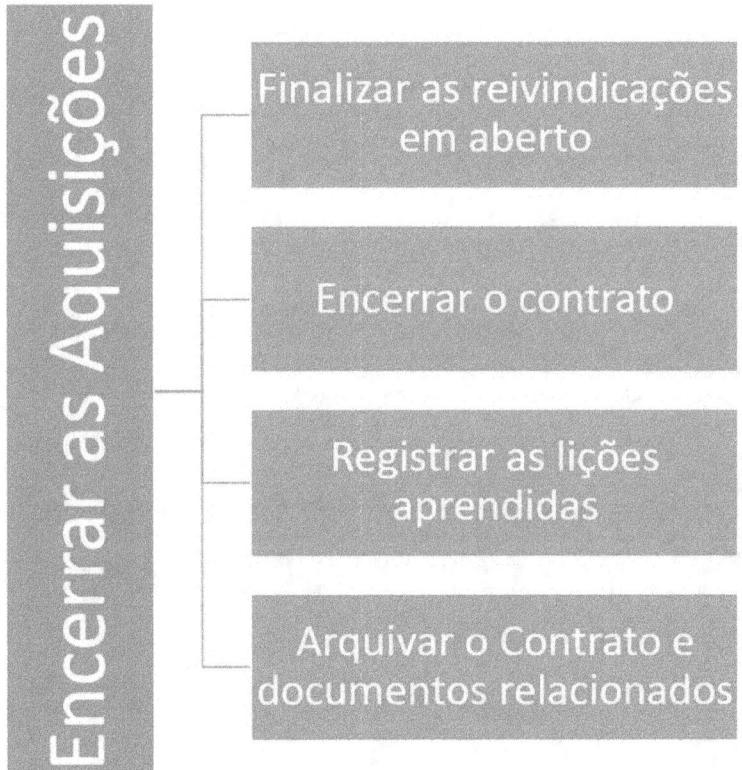

Figura 8.1 Encerrar as aquisições

8.1 Finalizar as reivindicações em aberto

Antes de encerrar uma aquisição, deve-se finalizar as reinvindicações que estão em aberto, sejam elas, da sua parte, comprador, ou do fornecedor.

Você deve escolher entre as ferramentas de <u>Administração de reivindicações</u> explicadas no capítulo anterior para finalizá-las adequadamente.

8.2 Encerrar o contrato

Formas de Encerrar um Contrato

Segundo (XAVIER, 2013), existem as seguintes formas de encerrar um contrato:

- Término das atividades no contrato (terminação)
    - o Modo normal de extinção do contrato, com o pleno cumprimento das obrigações por ambas as partes
    - o Cliente emite aceitação definitiva
    - o Paga a última parcela e Libera Garantias
- Acordo mútuo entre as partes (resilição)
    - o Desfazer um contrato por simples manifestação de vontade, de uma ou ambas as partes
    - o Mesmo que objetivos iniciais não foram atingidos
    - o Não pode ser confundido com descumprimento ou inadimplemento
    - o Pode ser bilateral (distrato) ou unilateral (denúncia)
- Inobservância das condições estabelecidas no contrato (inadimplemento)
    - o Forma unilateral e independente de notificação judicial
    - o Pode ser culposa (parte prejudicada pode exigir indenização por danos) ou não
    - o Resolução: Evento que resolve o contrato em decorrência do descumprimento de suas clausulas

Outros pontos importantes

Documentação para encerramento do contrato

- Contratante: Relatório de encerramento do contrato e termo de aceite;
- Contratado: Atestado de inexistência de reinvindicações e relatório de encerramento do contrato;

Verificação de conformidade com procedimentos para encerramento do contrato

- Devolução de ativos do contratante, ...

Aceitação e Pagamento Final

- Verificado se todos produtos e serviços constantes no contrato foram entregues
- Cliente aceita formalmente através do formulário de aceite
- E efetua pagamento final
- Implica em riscos decorrentes de inadequações ou desconformidades, que não tenham sido constatadas no aceite
- A pessoa ou a organização responsável pela administração do contrato deve informar o término do contrato ao fornecedor, através de notificação formal escrita. Os requisitos para aceitação formal e fechamento são, normalmente, definidos no contrato.

8.3 Registrar as lições aprendidas

"Aqueles que não estudam a história, estão condenadas a repetir seus erros" Winston Churchill

- Objetivos
    - Evitar que erros e problemas encontrados se repitam no futuro
    - Servir de base para a melhoria contínua da metodologia de GP
- Composto por:
    - Documentar e divulgar as lições aprendidas
    - Arquivar as lições aprendidas e os registros do projeto
- CheckList
    - Objetivos do negócio e do projeto foram alcançados?
    - Quais foram os sucessos e/ou fracassos do projeto?
    - Quais foram as causas dos desvios das linhas de base?
    - Lições aprendidas documentadas e divulgadas para aperfeiçoar processos para futuros projetos
    - Processos e templates revisados com base nas "lições aprendidas"

8.4 Arquivar o Contrato e documentos relacionados

- Deve-se manter pastas como referência do contrato para facilitar auditorias ou revisões.
- O índice da pasta deve conter:
    - RFP

o Contrato e seus aditivos
   o Cronogramas
   o Alterações solicitadas e aprovadas
   o Documentações técnicas e atas de reuniões
   o Relatórios de desempenho
   o Cópias das Faturas e pagamentos
   o Resultados de fiscalizações, ...
- Descarte deve ocorrer somente depois do prazo de garantia

Ferramentas usadas para encerrar as aquisições

Auditorias de aquisições

Análise estruturada de todos processos de aquisições
Da decisão de comprar até o encerramento
[...] avaliação estruturada do processo de aquisições, desde o processo Planejar ... até o Controlar as aquisições. (PMI, 2013)
Identificar êxitos e fracassos que possam ser usados na preparação ou na administração de contratos futuros

Negociações das aquisições

- Acerto final justo de todas as questões, reivindicações e disputas pendentes.
- Privilegie sempre a resolução através de negociação direta entre as partes.
- Caso não seja possível a negociação direta, privilegiar alternativas "fora do Jurídico" como a mediação e a arbitragem.
- Como última opção, use a disputa judicial o que implica em ruptura da boa relação contratual.

Encerrar as aquisições – Checklist

– Todos produtos e serviços entregues e aceitos conforme contrato
– Todas obrigações financeiras decorrentes do contrato liquidadas
– Informações relativas ao contrato e desempenho do fornecedor atualizadas e arquivadas p/ uso futuro
– Documentação necessária arquivada

- Lições aprendidas documentadas e divulgadas
- Aceite da Entrega Formalizado
- Equipe desmobilizada
- Comunicado responsáveis pela manutenção do produto criado
- Pendências resolvidas e encaminhadas
- Início do prazo de garantia
- Vitórias comemoradas e divulgadas

9 Conclusão

Gerenciar projetos com sucesso é usar de forma inteligente as melhores práticas adaptando-as a sua realidade e buscando aperfeiçoá-las a cada uso.

O livro cobriu os principais fundamentos dessa jornada esclarecendo os principais conceitos no capítulo Fundamentos e depois os processos de gerenciamento das aquisições detalhados no capítulo Passo a Passo.

Veja a tabela com os Passos necessários para obter o melhor custo x benefício das suas compras no capítulo Processos com seus passos.

10 Q&A

Essa é uma seção composta por questões de meus alunos da disciplina de Gerenciamento das Aquisições.

Agradecimento especial a eles pelas perguntas sempre muito pertinentes facilitando o entendimento das Aquisições como um todo.

10.1 Fundamentos e Planejar o gerenciamento das aquisições

De que forma devemos documentar as aquisições do projeto?

Documentar gerando as saídas dos processos de Aquisições conforme tabela abaixo Tabela das saídas dos processos de aquisições com seus templates/modelos e exemplos.

Quais dados são indispensáveis?

Basicamente todas as entradas dos Processos de Gerenciamento das aquisições do projeto que serão usados para gerar as saídas citadas.

Como devemos controlar as entregas?

Vide detalhamento no processo Controlar as aquisições

Em que fase do projeto devemos iniciar o planejamento das aquisições?

Cada projeto tem sua particularidade e essa resposta poderá variar.

Porém, de forma geral, o planejamento das aquisições inicia logo após a definição da EAP (Processo Criar a EAP).

O primeiro passo é Definir o que adquirir e gerar lista das aquisições do projeto (Decisões de comprar) analisando cada pacote de trabalho é decidindo se ele será feito ou adquirido.

Como os riscos estão relacionados às aquisições?

Uma das principais razões para a existência da área de Aquisições é o risco.

Quando você adquire um produto ou serviço está transferindo parte do risco de fazer algo para outro (Vide a Ação Transferir em Estratégias para riscos negativos ou ameaças)

Os riscos relacionados as aquisições devem ser identificados e pelo menos analisados de forma qualitativa.

A forma mais comum de tratá-los é selecionando o Tipo de contrato mais adequado aos riscos relacionados e através dos termos e condições do contrato.

Celebrar um contrato é um método para alocar a responsabilidade pelo gerenciamento e compartilhar riscos potenciais.

Sua redação cuidadosa pode mitigar ou transferir riscos para o fornecedor, e sua aprovação e revisão deve envolver especialistas em contratos, compras, aspectos jurídicos e disciplinas técnicas.

Como é definido o potencial fornecedor no plano de gerenciamento das aquisições?

Vide Identificar lista dos fornecedores potenciais

Quais os tipos de contratos mais comum nas relações legais do plano de gerenciamento de aquisições?

How - Tipos de contrato

Como é realizada a análise de fazer ou comprar?

Vide Definir o que adquirir

Quando uma aquisição envolve entrega por parte do fornecedor que não são apenas materiais, mercadorias, mas este relaciona a entrega de um serviço como devemos lidar com o gerenciamento desse projeto externo?

As aquisições de serviços são mais complexas e precisam ser muito bem planejadas para evitar "surpresas" desagradáveis durante todo os processos da aquisição.

As aquisições de produto (materiais e equipamento) de forma geral são mais simples que as aquisições de serviços.

De forma geral, deve seguir as melhores práticas para garantir que todo o processo da aquisição do serviço tenha sucesso, iniciando pela análise de fazer ou comprar até o encerramento do contrato.

Primeiramente, importante deixar claro as diferenças entre produtos e serviços.

Produto	Serviço
Tangível	Intangível
Produtos podem ser produzidos e estocados para consumo futuro	Serviços são produzidos e consumidos simultaneamente
Produtos não precisam da presença do cliente para serem produzidos	Serviços precisam da presença do cliente para serem produzidos
Operação	Projeto

Veja abaixo uma tabela contendo as principais diferenças entre aquisições de serviços e aquisições de produtos (materiais / equipamentos) de acordo com o fluxo da aquisição.

Ressalva importante na tabela sobre a coluna aquisição de produto.

Quanto mais uniforme (padrão) o produto, mais simples todos os processos de aquisição

Matérias primas, por exemplo, tem padrões esperados e grande uniformidade entre o que é oferecido por todos fornecedores.

Os processos de aquisição podem variar bastante entre:

- Matéria prima ou produtos de alta uniformidade onde o fornecedor selecionado agrega muito pouco no desempenho do produto adquirido;
- Produtos com menor uniformidade onde o fornecedor do produto (ou sua marca) selecionado podem fazer uma grande diferença no desempenho do produto adquirido.

Para simplificar um pouco a análise feita, trataremos a Aquisição de produto como se fosse uma matéria prima, o que é mais comum. Quando você tiver um produto onde o fornecedor pode fazer uma grande diferença no desempenho do produto adquirido, os processos de aquisição estarão mais próximos da Aquisição de Serviço.

Fluxo	Aquisição de Serviço	Aquisição de produto
Decisão de Fazer ou Comprar	Why - Por que adquirir? Maior trabalho envolvido para a decisão	Em geral, os materiais são adquiridos. Para equipamentos, pode existir a opção de "aluguel".
Especificar o produto/serviço (Declaração de trabalho)		Quanto mais uniforme (padrão) o produto, mais simples a especificação e os demais processos Matérias primas, por exemplo, tem padrões esperados e grande uniformidade entre o que é oferecido por todos fornecedores.
Estabelecer critérios de avaliação (Critérios de avaliação dos fornecedores)	Mais complexo Envolve vários fatores e subjetividade	Mais simples Em geral, o preço é o fator de decisão.
Definir tipo de contrato e cláusulas contratuais para tratar os riscos		A regra da uniformidade Normalmente, não existe um contrato na aquisição de um produto, somente um pedido, ou uma nota fiscal da aquisição. Os riscos relacionados também
Documento de aquisição Preparar pedido (RFP, RFQ, RFI)	RFI e/ou RFP Solicitação de Informação ou Proposta	RFQ Solicitação de Cotação
Esforço do fornecedor para responder	Maior Precisa elaborar a proposta conforme solicitado pelo	Menor Identificar valor unitário de cada item cotado

		comprado e atender a suas necessidades específicas	
Exceção		Agiliza quando o fornecedor tem modelos pré-definidos e de rápida customização	Pode complicar quando são muitos itens a serem cotados e não existe formas automáticas para reconhecer cada item
Negociação			
Contrato			
Complexidade		Maior	Menor

10.2 Conduzir as aquisições

A escolha de fazer ou comprar depende de uma série de análises a serem feitas pela equipe do projeto. Quais ferramentas ou métodos que auxiliam o GP e sua equipe nessa tomada de decisão?

Vide Definir o que adquirir

No processo de seleção dos fornecedores através de um sistema de ponderação, quais critérios devem ser fundamentais para seleção do fornecedor?

Vide Estabelecer critérios de avaliação (Critérios de avaliação dos fornecedores)

Qual a finalidade da reunião com os licitantes?

Vide Reunião com licitantes

Se o Gerente do Projeto não pode ser o negociador de uma aquisição, quem deve assumir esse papel?

Vide Responsáveis pela negociação

O que é a especificação do trabalho das aquisições?

Vide Saída: Especificação do Trabalho das Aquisições (SOW)

Porque o gerente de projeto não pode ser o principal negociador nas aquisições?

Vide Responsáveis pela negociação

Como conseguir alinhar as expectativas internas e externas？ Citando um caso que ocorre na empresa em que trabalho, o cliente tem uma expectativa alta em relação ao desempenho do fornecedor de software, porém este não possui muitos recursos disponíveis para desenvolver melhorias e correções no tempo desejado. Deve haver uma reunião de alinhamento de expectativas ou a área envolvida deve solicitar a aquisição de novos recursos?

Antes

Planejar o gerenciamento das aquisições de forma adequada avaliando os riscos, selecionando o tipo de contrato e os termos e condições apropriadas para tratá-los.

Pós assinatura do contrato – no processo Controlar as Aquisições

Kickoff Meeting pós assinatura do contrato

Quais são os principais passos para selecionarmos o melhor fornecedor para o nosso projeto, levando em consideração qualidade, tempo e custo?

Vide Planejar o gerenciamento das aquisições e Conduzir as aquisições

O que é método RAD?

RAD: Resolução Alternativa de disputa. Mecanismo a ser acionado quando existir uma reinvindicação de uma parte (comprador ou fornecedor) não aceito pela outra parte.

Vide Administração de reinvindicações (5)

10.3 Controlar as aquisições

Qual a importância de ter o controle das aquisições?

Controlar as Aquisições poderia também ser chamado de "Administrar ou Controlar os contratos", já que o principal objetivo desse processo é assegurar que as partes atendam aos requisitos estabelecidos no contrato.

Como é realizado o controle de mudanças de contratos?

Feito através do Sistema de controle de mudanças no contrato que deve estar amparado pelo contrato.

Quais são os procedimentos que o GP pode implementar para que o controlador de aquisições certifique que as entregas combinadas com os fornecedores sejam realizadas nas datas acordadas e na qualidade especificada no contrato?

Todos os procedimentos detalhados em Controlar as aquisições

Quando o Gestor de Projetos identifica o não cumprimento de requisitos de contrato por parte do terceiro ou do próprio cliente, quais ações devem ser tomadas?

Cumprir com o que está definido no contrato (Normalmente o contrato deve conter cláusulas contratuais definindo as penalidades pelo não atendimento dos requisitos).

Se não houver nenhuma clausula abordando o assunto, o Código de Ética e de Conduta Profissional do PMI pode lhe dar.

Vide tópico 1.1 Visão e Objetivos do Código:

Como profissionais de gerenciamento de projetos, temos o compromisso de fazer o que é certo e honrado. Estabelecemos padrões elevados para nós

mesmos e almejamos cumprir esses padrões em todos os aspectos de nossas vidas – no trabalho, em casa e a serviço da nossa profissão.

Este Código de Ética e Conduta Profissional descreve as expectativas que temos para nós mesmos e nossos colegas profissionais da comunidade mundial de gerenciamento de projetos.

Define os ideais a que aspiramos, e também os comportamentos que são obrigatórios em nossas funções profissionais e voluntárias.

O objetivo deste Código é incutir confiança na profissão de gerenciamento de projetos e auxiliar as pessoas a se tornarem melhores profissionais. Conseguimos isso estabelecendo um perfeito entendimento do comportamento adequado na profissão como um todo. Acreditamos que a credibilidade e a reputação da profissão de gerenciamento de projetos são constituídas pela conduta coletiva de profissionais individuais.

Acreditamos que, ao adotar esse Código de Ética e Conduta Profissional, poderemos avançar a nossa profissão, tanto individual como coletivamente. Também acreditamos que este Código nos auxiliará a tomar decisões inteligentes, particularmente em situações difíceis, em que há risco de comprometer a nossa integridade e os nossos valores.

Esperamos que este Código de Ética e Conduta Profissional funcione como um catalisador para que outras pessoas estudem, debatam e escrevam sobre ética e valores. Além disso, esperamos que este Código seja utilizado na construção e evolução da nossa profissão.

Em relação ao processo de Controlar Aquisições temos como ponto de verificação do produto ou serviço, a entrega realizada dentro dos termos de contrato com o fornecedor. Sendo a entrega do projeto dependente de parte do produto/serviço como devemos descrever esses pontos de controle dentro do contrato do projeto?

Quando seu contrato é feito em vários pagamentos durante a execução do contrato, busque atrelar pagamentos e incentivos com as entregas previstas pelo contrato, e seus respectivos critérios de aceitação e sua previsão de término.

Se não for possível atrelar todos os pagamentos com entregas do contrato, associe pelo menos as entregas com pagamentos.

No decorrer de um projeto foi identificado que a aquisição firmada entre as partes não iria atender o projeto, pois as especificações descritas no contrato não ficaram claras. O que o GP pode fazer para reverter esta situação e como ele poderia ter evitado?

Avaliar o contrato e suas cláusulas de saída;

Avaliar o impacto das mudanças necessárias;

Negociar com o fornecedor para mudar o escopo conforme necessidade atual.

Quem é responsável por administrar o contrato de aquisições e qual a importância deste processo?

Gerente de Projetos é o responsável por administrar o contrato das aquisições e o principal objetivo desse processo é assegurar que as partes atendam aos requisitos estabelecidos no contrato. Saiba mais em Controlar as aquisições

Os acordos são uma forma de tentar formalizar mais rapidamente as possíveis alterações do que foi contratado sem ter que alterar a documentação inicial?

Contratos são acordos com validade legal em conformidade com os aspectos legais e jurídicos.

Vide O que é um acordo? E O que é um contrato?

Sua empresa pode identificar situações nas quais não são necessárias a formalização de um acordo através de um contrato.

Isso pode acontecer na aquisição inicial ou não.

Suponhamos que houve mudança no projeto e afeta o meu fornecedor é necessário avisa-lo? Ou até mesmo mudar o contrato para assim conduzir melhor esta aquisição?

Sim, necessário avaliar a melhor forma de comunicá-lo e se existe necessidade de ajustes no contrato e criação de aditivos no contrato.

10.4 Encerrar as aquisições

Qual principal benefício do processo de encerrar as aquisições?

Vide Encerrar as aquisições

Qual a finalidade da coleta e arquivamento das informações sobre o cronograma de contrato, qualidade de desempenho e de custo, como também toda documentação gerada nos contratos?

Eventuais reinvindicações feitas por parte do fornecedor;

Lições aprendidas para futuros projetos;

Melhorias dos processos;

Auditorias;

Avaliação de desempenho do fornecedor;

Similar as razões para se coletar e arquivar informações do projeto como um todo.

Como são definidos os requisitos de encerramento das aquisições?

No processo planejar as aquisições e posteriormente podem ser feitos ajustes devido a negociação do contrato.

11 Recursos adicionais

Fundamentos das aquisições

Para entender melhor o gerenciamento das aquisições, é necessário saber a importância Contrato e seu ciclo de vida no projeto.

Ferramentas das aquisições do Guia PMBOK®

Principais ferramentas usadas para gerenciar as aquisições:

- Tipos de Contratos
- Análise de Fazer ou Comprar
- Reuniões com licitantes
- Técnicas de avaliação de propostas
- Estimativas independentes
- Publicidade
- Pesquisa de mercado
- Negociações das aquisições
- Auditorias de aquisições
- Acordos negociados
- Sistema de controle de mudanças no contrato
- Análise de desempenho das aquisições
- Sistemas de pagamento
- Administração de reivindicações

Modelos/Templates de Gerenciamento de Projetos

Modelos das principais saídas dos processos de gerenciamento das aquisições:

- Cadastro de Fornecedores Qualificados.xlsx
- Critérios para Seleção de Fontes.xlsx
- Decisões de Comprar.xlsx
- Declaração de Trabalho.docx
- Informações para RFI.xlsx
- Modelo de Contrato - PMBOK.docx
- Modelo de Proposta.docx

- Plano de gerenciamento das aquisicoes.docx
- Relatório de encerramento do contrato.docx
- RFI - Request for Information.docx
- RFP.docx
- RFQ.xlsx

Exemplos de Projetos

Exemplos das principais saídas dos processos de gerenciamento das aquisições:

- Plano de gerenciamento das aquisições da reforma da casa
- Declaração de Trabalho.docx
- RFI.pdf
- RFP.docx
- RFQ.xlsx
- Critérios para Seleção de Fontes
- Decisões de Comprar da reforma da casa
- StatusReport. Capacitação em Projetos.xlsx
- Termo de Aceite da Reforma da Casa
- Lições Aprendidas da implantação do PMO
- Relatório de encerramento do contrato

Processos Gerenciamento das aquisições do Guia PMBOK 6ª Ed.

Tabela 11-1 Entradas, Ferramentas e Saídas do Processo 12.1 Planejar o gerenciamento das aquisições (Guia PMBOK®)

Entradas	Ferramentas	Saídas
Termo de abertura do projeto	Opinião especializada	Plano de gerenciamento das aquisições
Documentos de negócio	Coleta de dados	Estratégia da aquisição
Plano de gerenciamento do projeto	Análise de dados	Documentos de licitação
Documentos do projeto	Análise para seleção de fontes	Especificação do trabalho das aquisições
Fatores ambientais da empresa	Reuniões	Critérios para Seleção de Fontes
Ativos de processos organizacionais		Decisões de fazer ou comprar
		Estimativas de custos independentes
		Solicitações de mudança
		Atualizações de documentos do projeto
		Atualizações de ativos de processos organizacionais

Tabela 11.2 Entradas, Ferramentas e Saídas do Processo 12.2 Conduzir as aquisições (Guia PMBOK®)

Entradas	Ferramentas	Saídas
Plano de gerenciamento do projeto Documentos do projeto Documentação de aquisições Propostas dos fornecedores Fatores ambientais da empresa Ativos de processos organizacionais	Opinião especializada Publicidade Reuniões com licitantes Análise de dados Habilidades interpessoais e de equipe	Fornecedores selecionados Acordos Solicitações de mudança Atualizações do plano de gerenciamento do projeto Atualizações de documentos do projeto Atualizações de ativos de processos organizacionais

Tabela 11.3 Entradas, Ferramentas e Saídas do Processo 12.3 Controlar as aquisições (Guia PMBOK®)

Entradas	Ferramentas	Saídas
Plano de gerenciamento do projeto Documentos do projeto Acordos Documentação de aquisições Solicitações de mudança aprovadas Dados de desempenho do trabalho Fatores ambientais da empresa Ativos de processos organizacionais	Opinião especializada Administração de reivindicações Análise de dados Inspeção Auditorias	Aquisições encerradas Informações sobre o desempenho do trabalho **Atualizações na** Documentação de aquisições Solicitações de mudança Atualizações do plano de gerenciamento do projeto Atualizações de documentos do projeto Atualizações de ativos de processos organizacionais

Mudanças da 5ª para a 6ª Edição do Guia PMBOK

Foi removido o processo Encerrar as Aquisições da 5ª Edição. Os outros três processos foram mantidos como os mesmos nomes.

Processos de Gerenciamento das aquisições do projeto do Guia PMBOK 5ª Edição

- Planejar o gerenciamento das aquisições
- Conduzir as aquisições
- Controlar as aquisições
- Encerrar as aquisições

Entradas, Ferramentas e Saídas do Processo 12.1 Planejar o gerenciamento das aquisições (Guia PMBOK®)

Entradas	Ferramentas	Saídas
Plano de gerenciamento do projeto	Análise de fazer ou comprar	Plano de gerenciamento das aquisições
Documentação dos requisitos	Opinião especializada	Especificação do trabalho das aquisições
Registro dos riscos	Pesquisa de mercado	Documentos de aquisição
Requisitos de recursos das atividades	Reuniões	Critérios para seleção de fontes
Cronograma do projeto		Decisões de fazer ou comprar
Estimativas de custos das atividades		Solicitações de mudança
Registro das partes interessadas		Atualizações dos Documentos do projeto
Fatores ambientais da empresa		
Ativos de processos organizacionais		

Entradas, Ferramentas e Saídas do Processo 12.2 Conduzir as aquisições (Guia PMBOK®)

Entradas	Ferramentas	Saídas
Plano de gerenciamento das aquisições	Reuniões com licitantes	Fornecedores selecionados
Documentos de aquisição	Técnicas de avaliação de propostas	Acordos
Critérios para seleção de fontes	Estimativas independentes	Calendários dos recursos
Propostas dos fornecedores	Opinião especializada	Solicitações de mudança.
Documentos do projeto	Publicidade	Atualizações do Plano de gerenciamento do projeto
Decisões de fazer ou comprar	Técnicas analíticas	Atualizações dos Documentos do projeto
Especificação do trabalho das aquisições	Negociações das aquisições	
Ativos de processos organizacionais		

Entradas, Ferramentas e Saídas do Processo 12.3 Controlar as aquisições (Guia PMBOK®)

Entradas	Ferramentas	Saídas
Plano de gerenciamento do projeto Documentos de aquisição Acordos Solicitações de mudança aprovadas Relatórios de desempenho do trabalho Dados de desempenho do trabalho	Sistema de controle de mudanças no contrato Análise de desempenho das aquisições Inspeções e Auditorias Relatórios de desempenho Sistemas de pagamento Administração de reivindicações Sistema de gerenciamento de registros	Informações sobre o desempenho do trabalho Solicitações de mudança Atualizações do Plano de gerenciamento do projeto Atualizações dos Documentos do projeto Atualizações dos ativos de processos organizacionais

Entradas, Ferramentas e Saídas do Processo 12.4 Encerrar as aquisições (Guia PMBOK®)

Entradas	Ferramentas	Saídas
Plano de gerenciamento do projeto Documentos de aquisição	Auditorias de aquisições Negociações das aquisições Sistema de gerenciamento de registros	Aquisições encerradas Atualizações dos ativos de processos organizacionais

Apêndice

Índice das Tabelas

Tabela 4-1 Passos necessários para obter o melhor custo x benefício das suas compras...26

Tabela 5-1Técnica 5W2H para decidir o que comprar e o que adquirir.......29

Tabela 5-2 Fatores que influenciam a decisão de fazer ou comprar............31

Tabela 5-3 Exemplo de Matriz de Responsabilidade 32

Tabela 5-4 Decisões de fazer ou comprar da Reforma da Casa 33

Tabela 5-5 Cronograma de Entregas do Projeto e Critérios de Aceitação da Reforma..39

Tabela 5-6 Padrões aplicáveis da Reforma da casa......................................40

Tabela 5-7 Critério de eliminação do modelo de RFP 41

Tabela 5-8 Critérios de classificação do modelo de RFP 42

Tabela 5-9 Critério de aceitação e por que usá-lo 43

Tabela 5-10 Vantagens e Desvantagens de divulgar os critérios 44

Tabela 5-11 Exemplos de critérios de eliminação da Reforma 45

Tabela 5-12 Exemplo de Critérios de Classificação da Reforma...................46

Tabela 5-13 Exemplo de conteúdo de proposta para uma reforma 54

Tabela 5-14 Exemplo de Responsabilidades das aquisições da Equipe do Projeto..61

Tabela 5-15 Entradas, Ferramentas e Saídas do Processo 12.1 Planejar o gerenciamento das aquisições (Guia PMBOK®) 64

Tabela 6-1 Principais vantagens e desvantagens da aquisição centralizada e da descentralizada 89

Tabela 6-2 Boas práticas para negociação centralizada e descentralizada ...89

Tabela 6-3 Entradas, Ferramentas e Saídas do Processo 12.2 Conduzir as aquisições (Guia PMBOK®)..91

Tabela 7-1 Entradas, Ferramentas e Saídas do Processo 12.3 Controlar as aquisições (Guia PMBOK®) 104

Tabela 11-1 Entradas, Ferramentas e Saídas do Processo 12.1 Planejar o gerenciamento das aquisições (Guia PMBOK®) 132

Índice das Figuras

Figura 2.1 Escopo do Produto x Escopo do Projeto 12

Figura 2.2 Exemplo de EAP gráfica de uma reforma de casa 13

Figura 2.3 Ciclo de Vida do Contrato adaptado de Garret, 2015 & PMI, 2013 15

Figura 4.1 Capítulos dos processos do gerenciamento das aquisições do projeto com seus passos 25

Figura 5.1 Planejar o gerenciamento das aquisições 27

Figura 5.2 Tipos de Contrato mais comuns 47

Figura 5.3 Termo de Abertura do Projeto 65

Figura 5.4 Plano de Gerenciamento do Projeto 67

Figura 5.5 Fatores ambientais da empresa 68

Figura 5.6 Ativos de processos organizacionais 70

Figura 5.7 Opinião especializada 71

Figura 5.8 Boas práticas para reuniões 74

Figura 5.9 Plano de gerenciamento das aquisições 76

Figura 5.10 Fluxo das solicitações de mudanças 79

Figura 6.1 Conduzir as aquisições 81

Figura 6.2 Documentação de aquisições...92

Figura 7.1 Controlar as aquisições 97

Figura 7.2 Administração de reinvindicações...106

Figura 8.1 Encerrar as aquisições 111

Índice Remissivo

5W2H, 29, 41
ABNT, 40
Acordo, 11, 13, 55, 94, 104, 113
Análise de dados, 75, 94, 107
Ativos de processos organizacionais, 69, 93, 105
Business Case, 66
CheckList, 23, 114
Ciclo de Vida do Contrato, 11, 14
Contrato, 16
cláusulas contratuais, 16, 26, 32, 47, 49, 50, 95, 104, 122, 126
Coleta de dados, 74
Como, 11
comprador, 6, 13, 14, 15, 16, 47, 48, 49, 112, 125
Conduzir as aquisições, 16, 26, 50, 58, 59, 62, 81, 91, 98, 124, 125, 133, 134
contratada, 6
contratante, 6, 47, 48, 55, 113
contrato, 1, 7, 14, 15, 16, 22, 23, 26, 30, 32, 33, 34, 38, 47, 48, 49, 55, 59, 60, 62, 76, 77, 81, 85, 87, 89, 90, 94, 95, 97, 98, 99, 100, 101, 102, 103, 104, 106, 111, 113, 114, 115, 120, 121, 122, 125, 126, 128, 129, 130, 131, 132, 135
Contrato de Custos Reembolsáveis, 48
Contrato de Preço Fixo, 47, 48, 62
Controlar as aquisições, 16, 26, 51, 58, 59, 63, 88, 97, 104, 111, 115, 119, 126, 128, 133, 134, 135
Critérios classificatórios, 41, 42, 72
Critérios de aceitação, 39, 63
Critérios de Aceitação, 34, 38, 39
critérios de avaliação dos fornecedores, 26, 41, 54, 72
Critérios de Eliminação, 41, 45
Critérios para Seleção de Fontes, 23, 51, 60, 64, 86, 131, 132
Cultura organizacional colaborativa, 69
Custo mais Remuneração de Incentivo, 48
Custo mais Remuneração Fixa, 48
custo x benefício, 3, 1, 2, 7, 21, 26, 85, 117, 149
Dados de desempenho do trabalho, 105
Decidir o que fazer e o que comprar, 26, 29

decisão de comprar ou fazer, 29
Decisões de Comprar ou Fazer, 11, 13, 23, 31
Declaração de trabalho, 26, 34, 60, 122
Definir o que adquirir, 13, 41, 119, 120, 124
Documentação dos requisitos, 68
Documentos de negócio, 66
Documentos do projeto, 68, 91, 95, 104, 110
EAP, 12, 13
Encerrar as aquisições, 16, 26, 51, 58, 59, 63, 111, 115, 130, 134, 135
Escopo
 do Produto, 11
 do Projeto, 11
Especificação do Trabalho das Aquisições, 34, 124
Estrutura Analítica do Projeto, 12, 29
Estrutura organizacional funcional, 69
Estrutura organizacional projetizada, 69
Fatores ambientais da empresa, 68, 93, 105
fornecedor, 1, 6, 7, 13, 14, 16, 25, 27, 28, 32, 41, 42, 43, 44, 47, 48, 49, 50, 51, 53, 54, 72, 82, 84, 85, 86, 87, 88, 94, 98, 99, 102, 103, 112, 114, 115, 120, 121, 122, 123, 124, 125, 128, 129, 130
Gerenciamento das Aquisições, 1, 11, 13, 26, 58, 59, 61, 83, 86, 98, 101, 119, 149
Gerenciamento do valor agregado, 107
Gerente de Projetos, 147
Guia PMBOK, 3, 1, 2, 6, 11, 15, 16, 23, 25, 26, 27, 64, 72, 81, 91, 97, 103, 104, 111, 131, 132, 133, 134, 135, 143
Habilidades interpessoais e de equipe, 94
Indicadores, 38
informações sobre o desempenho do trabalho, 109
Kickoff Meeting, 26, 97, 98, 99, 101, 102, 125
Kit Aquisições, 1, 2, 21
lições aprendidas, 26, 89, 101, 114
Matriz de Responsabilidade, 29, 31, 32
Melhoria contínua, 147
O que, 11
pacote de trabalho, 12, 13

Pacote de trabalho, 13
pacotes de trabalho, 13, 29, 30, 32, 64, 76
Pacotes de trabalho, 12
Padrões, 34, 38, 40, 57
Pedido de Cotação, 50, 61
Pedido de Informação, 50
Planejamento de compras, 15
Planejamento de solicitação, 15
Planejar o gerenciamento das aquisições, 15, 26, 27, 50, 64, 119, 125, 132, 134
Plano de gerenciamento de benefícios, 66
Plano de gerenciamento do projeto, 67, 91, 95, 104, 110
pós-contrato, 14
Preço Fixo Garantido, 47, 48, 62, 76
pré-contrato, 14
Project Charter, 65
Propostas, 26, 56, 83, 91, 133, 134
Registro das mudanças, 79
reivindicações, 26, 59, 104, 106, 111, 112, 115, 131, 133, 135

Request for Information, 22, 50, 52, 132
Request for Proposal, 22, 41, 42, 51, 52, 56, 61, 72
Request for Quotation, 22, 23, 50, 52, 61
Requisitos, 34, 38, 84, 134
RFI, 22, 26, 50, 51, 122, 131, 132
RFP, 22, 23, 26, 41, 42, 44, 50, 51, 52, 53, 54, 56, 57, 61, 62, 72, 73, 87, 114, 122, 132
RFQ, 22, 23, 26, 50, 51, 52, 61, 122, 132
riscos, 5, 14, 16, 23, 26, 29, 32, 43, 47, 49, 60, 61, 85, 87, 95, 104, 114, 120, 122, 125, 134
Selecionar fornecedores, 26, 84
Solicitação de Proposta, 51, 61, 72
Solicitações de mudança, 79, 95
SOW, 34, 60, 124
Sua vez de participar, 21
Tempo e material, 48
terceirização, 7, 13
Termo de abertura, 65
tipo de contrato, 26, 47
Tipos de Contrato, 47

Referências

GARRET, Gregory A. 2015. *World class contracting.* s.l. : CCH Incorportated, 2015. 6th Ed..

Montes, Eduardo. 2017. *Introdução ao Gerenciamento de Projetos.* São Paulo : s.n., 2017.

PMI®, Project Management Institute. 2013. *Guia PMBOK®: Um Guia para o Conjunto de Conhecimentos em Gerenciamento de Projetos.* Pennsylvania : Project Management Institute, Inc, 2013.

—. 2017. *Guia PMBOK®: Um Guia para o Conjunto de Conhecimentos em Gerenciamento de Projetos.* Pennsylvania : Project Management Institute, Inc, 2017.

XAVIER, Carlos Magno, WEIKERSHEIMER, Deana, LINHARES, José G., DINIZ, Lucio. 2013. *Gerenciamento de Aquisições em Projetos.* Rio de Janeiro : Editora FGV, 2013.

O Autor

Eduardo Montes

Fundador da Escritório de Projetos, site com o melhor e mais completo conteúdo gratuito de gerenciamento de projetos do Brasil que apoia na capacitação de 70.000 usuários (visitas únicas do site/mês).

Autor dos Livros da série escritoriodeprojetos.com.br:

- Introdução ao Gerenciamento de Projetos: Como gerenciar projetos pode fazer a diferença na sua vida
- Gerenciamento das partes interessadas: Como engajar as pessoas em seus projetos

Mais de 300 projetos entregues com mais de R$19 bilhões em investimentos.

PMP certificado desde 2005 quando iniciou sua atuação como PMO e como Professor de gerenciamento de projetos em cursos de MBA.

Mestrado em Administração de Empresas pela EAESP-FGV.

MBA Exchange University of North Carolina at Chapel Hill.

Bacharelado em Ciência da Computação pela UFSCar.

Especialista em Escritório de Projetos, Gerenciamento de Projetos e na capacitação de Gerentes de Projetos.

Têm como missão de vida "Capacitar as pessoas e as empresas a terem sucesso em seus projetos".

Agradecimentos

Aos meus amigos por serem meus parceiros de muitas ideias e realizações;

Aos autores[39] e especialistas[40] de gerenciamento de projetos que tem seus artigos divulgados em nosso blog e que são referências para o meu aprendizado e minha melhoria contínua, representados aqui pelos meus amigos Armando Terribili Filho, Cleber Ferreira, Fernando Rodrigues Teixeira Dias e Maria Célia Mitidiero;

Aos meus alunos, por me inspirarem a proporcionar o melhor aprendizado possível, e principalmente, por sua dedicação e participação dentro e fora de sala de aula.

Aos meus clientes por usarem minhas soluções que apresento no livro e por contribuírem diretamente aperfeiçoando-as no dia-a-dia;

Aos Gerentes de Projetos da Comunidade da *Escritório de Projetos* que contribuem gerando conteúdo e agregando valor para toda a comunidade;

Aos usuários da *Escritório de Projetos* pelos seus comentários e solicitações.

Notas e Hyperlinks do site usados no Livro

---

[1] Essas soluções são gratuitas e podem ser baixadas no link https://escritoriodeprojetos.com.br/solucoes-gratuitas-de-gerenciamento-de-projetos
[2] https://escritoriodeprojetos.com.br/exemplo-de-projeto-reforma-da-casa

[3] http://amzn.to/2vtWV3p

[4] Para participar do grupo e obter o kit, crie seu usuário no site, e envie um e-mail para eduardo@escritoriodeprojetos.com.br informando a data que adquiriu o livro.
[5] Verifique a revisão atual na contracapa do livro e não deixe de solicitar a Amazon a atualização da sua versão. Para verificar a contracapa atual, é só clicar na capa do livro disponível na Amazon.
Para obter a atualização, você deve solicitar a atualização da versão do livro através do atendimento da Amazon nesse link
https://www.amazon.com.br/gp/help/customer/contact-us
Siga os procedimentos abaixo:
1-Como podemos ajudá-lo? Amazon devices e Aplicativos Kindle
2-Conte-nos mais sobre seu problema
Selecione um assunto: Conteúdo Kindle
Escolha assunto um específico: Pedido de conteúdo
Selecione os detalhes adicionais: Conteúdo comprado não baixou
3-Envie-nos um e-mail
Por favor, gostaria que vocês me enviassem para o meu Kindle a última versão do meu livro Gerenciamento das Aquisições: O melhor custo x benefício das suas compras.
[6] https://escritoriodeprojetos.com.br/pacote-de-trabalho
[7] https://escritoriodeprojetos.com.br/dicionario-da-eap

[8] https://escritoriodeprojetos.com.br/exemplo-de-projeto-reforma-da-casa

[9] Para participar do grupo e obter o *kit*, adquira o livro, crie seu usuário no *site*, e envie um *e-mail* para eduardo@escritoriodeprojetos.com.br informando a data e horário que adquiriu o livro.
[10] https://escritoriodeprojetos.com.br/templates-de-gerenciamento-de-projetos

[11] https://escritoriodeprojetos.com.br/exemplos-de-projetos-com-seus-templates

[12] https://escritoriodeprojetos.com.br/ferramentas-de-gerenciamento-de-projetos-gratuitas

[13] https://escritoriodeprojetos.com.br/downloads

[14] https://escritoriodeprojetos.com.br/exemplos-de-projetos-com-seus-templates

[15] https://escritoriodeprojetos.com.br/component/jdownloads/send/191-reforma-

da-casa/100-decisoes-de-comprar

[16] https://escritoriodeprojetos.com.br/templates-de-gerenciamento-de-projetos

[17] https://escritoriodeprojetos.com.br/component/jdownloads/send/8-modelos/75-decisoes-de-comprar

[18] https://escritoriodeprojetos.com.br/component/jdownloads/send/191-reforma-da-casa/99-declaracao-de-trabalho

[19] https://escritoriodeprojetos.com.br/component/jdownloads/send/8-modelos/73-declaracao-de-trabalho

[20] http://escritoriodeprojetos.com.br/component/jdownloads/send/8-modelos/77-rfp-request-for-proposal

[21] http://escritoriodeprojetos.com.br/component/jdownloads/send/8-modelos/77-rfp-request-for-proposal

[22] https://escritoriodeprojetos.com.br/component/jdownloads/send/8-modelos/872-rfi-request-for-information

[23] https://escritoriodeprojetos.com.br/component/jdownloads/send/8-modelos/79-rfq-request-for-quotation

[24] https://escritoriodeprojetos.com.br/component/jdownloads/send/8-modelos/77-rfp-request-for-proposal

[25] https://escritoriodeprojetos.com.br/templates-de-gerenciamento-de-projetos

[26] https://escritoriodeprojetos.com.br/component/jdownloads/send/8-modelos/69-plano-de-gerenciamento-das-aquisicoes

[27] https://escritoriodeprojetos.com.br/exemplos-de-projetos-com-seus-templates

[28] https://escritoriodeprojetos.com.br/component/jdownloads/send/191-reforma-da-casa/98-plano-de-gerenciamento-das-aquisicoes

[29] https://escritoriodeprojetos.com.br/business-case

[30] https://escritoriodeprojetos.com.br/templates-de-plano-de-gerenciamento-de-projetos

[31] https://escritoriodeprojetos.com.br/documentacao-dos-requisitos

[32] https://escritoriodeprojetos.com.br/registro-dos-riscos

[33] https://escritoriodeprojetos.com.br/estrutura-organizacional

[34] https://escritoriodeprojetos.com.br/component/jdownloads/send/8-modelos/118-cadastro-de-fornecedores-qualificados

[35] http://escritoriodeprojetos.com.br/component/jdownloads/send/8-modelos/77-

rfp-request-for-proposal

[36] https://escritoriodeprojetos.com.br/planejamento#3.4.9

[37] https://escritoriodeprojetos.com.br/component/jdownloads/send/191-reforma-da-casa/2335-criterios-para-selecao-de-fontes

[38] https://escritoriodeprojetos.com.br/component/jdownloads/send/343-ferramentas/2595-selecao-de-fornecedores

[39] https://escritoriodeprojetos.com.br/autor-em-gerenciamento-de-projetos
[40] https://escritoriodeprojetos.com.br/especialista-em-gerenciamento-de-projetos

www.ingramcontent.com/pod-product-compliance
Lightning Source LLC
Chambersburg PA
CBHW071543220526
45469CB00003B/904